I0176652

El propósito de las Líneas de Nasca

Culturas antiguas del mundo conectadas por símbolos arqueológicos

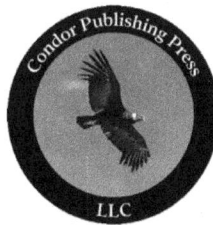

Condor Publishing Press

LLC

MARIA GAMERO-ALLINGTON

Publicado por Condor Publishing Press, LLC.
PO Box 59
Springville, UT 84663
condorpublishingpress@gmail.com
Copyright © 2023 por María Gamero-Allington
Impreso en los Estados Unidos de América

Este libro es un texto de guía para los geoglifos de Nasca, lecturas importantes relacionadas con la religión Nasca, y comparación exacta con otras maravillas del mundo que comparten rasgos similares.

Todos los derechos están reservados. Ninguna parte de esta publicación puede ser reproducida, almacenada en un sistema de recuperación o transmitida en cualquier forma o por cualquier medio, por ejemplo, electrónico, mecánico, fotocopia, grabación, sin el permiso previo por escrito del editor. La única excepción sería el uso de citas breves en las reseñas impresas.

Condor y su logotipo Reg. U.S. Pat. & TM Off.

CATALOGADO EN PUBLICACION EN LA BIBLIOTECA DEL CONGRESO

Allington, María Gamero

El Propósito de la las Líneas de Nasca: libro/María Gamero Allington.

p. cm.

1. Inca Garcilaso de la Vega. 2. Black Elk. 3. Jefe Joseph, Nación Wallowa. 4. Inca Viracocha, visionario, Inca. 5. Significado de las Líneas de Nasca. 6. Mural de Nourlangie, Australia. 7. Petroglifo de Konkan Elefante, India. 8. Toro Muerto, Perú. 9. Intaglios de Blythe, California. 10. Lámina de oro, Perú. 11. Bernabé Cobo. 12. Antigua religión del Perú y sus símbolos.

ISBN-13: 978-17328849-3-9
Primera edición: abril 2023

ISBN-13: 14 13 12 11 10 7 6 5 4 3

A todas las personas que
me ayudaron a hacer posible este libro

Índice General

PARTE 3: Comprensión de los geoglifos mayores

Introducción

Mi interés en la cultura nativa americana comenzó a una edad temprana y aumentó significativamente cuando era estudiante en la Universidad de Washington. En mi clase de inglés, leímos *Walden* y "Resistencia al gobierno civil' de Henry David Thoreau y discutimos su creencia de que "es mejor evitar el comienzo del mal" y su comentario posterior de que "la costumbre de algunas naciones salvajes podría ser provechosamente [sic] imitada por nosotros" (46). Thoreau había leído libros sobre las costumbres de los nativos americanos como el ayuno, la purificación y otras ceremonias similares a las de la religión cristiana, practicadas más íntimamente.

Mi curiosidad aumentó aún más cuando leí esta línea: "No tengo ninguna duda de que ellos [los nativos americanos] fueron inspirados originalmente directamente del cielo para hacer esto", (47). Inmediatamente, tuve dos preguntas: ¿Cuándo fueron divinamente inspirados los nativos americanos? y ¿Cómo fueron inspirados? En la época de Thoreau, los nativos no tenían conocimiento de la Biblia. Este libro es una acumulación de mis estudios, cómo encontré respuestas a esas dos preguntas y cómo, basado en mis lecturas, encontré una interpretación de las misteriosas Líneas de Nasca.

Mis fuentes son originales, naturales y prácticamente sin cambios. Incluyen las Líneas de Nasca (geoglifos) en Perú, (550 a.C.). El mural sobre las rocas en Nourlangie, Australia, fechado hace más de 5.000 a.C. Los geoglifos de Blythe en California, EE.UU. (500 d.C.). Los petroglifos de Toro Muerto (Perú) y de un elefante en la India, también datados hace más de 2.000 a.C. Todos estos y los dibujos de la visión de Alce Negro están conectados por símbolos arqueológicos compartidos, aunque estas evidencias fueron hechas en distintos lugares y en épocas antes y después de Cristo.

Las interpretaciones podrían ser aceptadas como verdaderas basadas en nuevas pruebas científicas y en su prominente nivel de probabilidad. Estas impresionantes maravillas sugieren que las personas que las crearon querían compartirlas con las generaciones futuras.

Las Líneas de Nasca son consideradas uno de los maravillosos tesoros creados por la humanidad. La elección de materiales y detalles en su mano de obra creó poderosos geoglifos que continúan interesando e inspirando a personas de todas partes del mundo.

Perú tiene el mayor reservorio de imágenes gigantes del mundo. Estos se encuentran en su lado costero, y los impresionantes glifos cubren 274 kilómetros de desierto. Uno de los glifos es un pelícano de 285 metros. Hace más de 2.500 años, una nación conocida como el pueblo Nasca talló 800 líneas geométricas gigantes y más de setenta figuras colosales de animales, plantas y formas humanoides.

Esta impresionante maravilla arqueológica, conocida simplemente como las Líneas de Nasca, presenta un enigma que los estudiosos aún no han podido resolver. Las figuras majestuosas más populares forman un grupo de veintidós geoglifos. Este libro se centra en identificar y comprender tanto el significado de estos antiguos códigos simbólicos como las personas que hicieron las Líneas sin herramientas modernas.

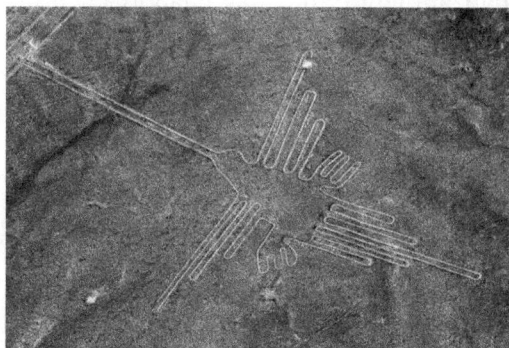

Glifo del colibrí

Mi interés y curiosidad por la antigua cultura peruana se solidificó cuando visité hermosas ciudades antiguas. A pesar de su distancia geográfica, encontré similitudes en sus métodos de construcción, su organización y sus ceremonias culturales. Tenía seis años cuando monté con mi tía a caballo por los pueblos de Apurímac, a 483 kilómetros al este de Lima. Mi madre y yo nos quedamos tres semanas y vimos muchas casas hechas de piedra y adobe. A pesar de que estas viviendas carecían de electricidad, la productividad de la vida de los residentes actuales era muy evidente en su agricultura, ganado, tejido y almacenamiento de queso y verduras en cuartos oscuros.

Cuando era joven, viví en Cerro de Pasco, en lo alto de las montañas andinas, a una altura de 4,338 metros. Visité las ruinas en esa área, conocida como el Bosque de Rocas, así como pueblos vecinos como Junín, Tarma y La Merced. También viví en La Orolla y visité Huancayo, las piscinas de limpieza de San Pedro de Cajas y otros lugares interesantes de mi país.

Mapa del Perú

El primer templo que visité fue el Pachacamac, ubicado al sureste de Lima. Este edificio de piedra se encuentra en una plataforma de ocho niveles en una colina, con vista al Océano Pacífico, las playas, campos verdes y el club de polo. Debido a los esfuerzos despiadados de los españoles en destruir el templo sagrado para evitar las peregrinaciones del pueblo peruano, vi con gran tristeza las coloridas capas de yeso desmoronadas y algunos de los pequeños pedazos se pueden ver en el suelo.

En el norte de Perú, visité Trujillo y viajé a la metrópoli de adobe de Chan Chan, que se extiende por 966 kilómetros. Vi los restos de los sistemas industriales agrícolas y la administración del agua que los habían sostenido. Hace dos mil años, estas ciudades estaban llenas de personas creando, trabajando y produciendo para tener un alto nivel de vida. Viajé por la carretera Panamericana que se extiende hacia el norte y hacia el sur hasta Chile.

La carretera que va hacia el sur pasa por los glifos de las dos manos, el caimán y el árbol. Cuando fui a la cima de la torre, vi lo cerca que están estos tres glifos del uno al otro. Desde el aire, vi los otros magníficos glifos con sus formas perfectas.

Durante los últimos veinte años, descubrí gradualmente un vínculo a medida que rastreaba las prácticas de varias civilizaciones antiguas. No hay mucho material antiguo escrito sobre los glifos, por lo que conectar las piezas fue un proceso lento. Lo que tenía eran los artefactos que la gente usaba diariamente para sus necesidades esenciales. Desarrollé un ojo para los detalles, y a medida que continuaba acumulando nueva información, pude conectar mis hallazgos con otras maravillas globales.

A medida que encontraba ejemplos, hacía preguntas y trataba de responderlas, resolver el misterio de las Líneas de Nasca se hizo más fácil, aunque tuve cuidado de apoyar cada nueva idea. Continué leyendo muchos libros de historia y artículos científicos, pero también estudié mitologías antiguas, fábulas, leyendas, cuentos e historias. Encontré que cada uno contenía un poco de verdad. Este libro te ayudará a apreciar el valor intelectual que estas personas tenían, en sus obras que dejaron atrás.

Muchas veces, sentí que carecía de suficientes créditos históricos para compartir mis hallazgos y me pregunté si mi arduo trabajo e innumerables horas de investigación me otorgarían una conclusión creíble y satisfactoria. Consideré cuidadosamente todos los aspectos de los glifos y cómo estaban destinados a beneficiar a la sociedad de sus creadores. Mi análisis está respaldado por fuentes originales que aún no han sido modificadas por el tiempo, la naturaleza o la humanidad. Reconocí y entendí que las Líneas de Nasca fueron hechas por las mismas razones que las civilizaciones en otros lugares del mundo crearon maravillas similares.

En este libro, serás testigo del gran despertar religioso de las civilizaciones antiguas que recibieron el mismo conocimiento y comprensión dados por el mismo Dios y que dirigieron su atención a un propósito común de desarrollar el arte religioso. Crearon formas visuales permanentes que dieron origen a imágenes y simbolismo para expresar sus creencias concretas de un Dios que fue un creador y de su maravillosa obra. La difusión de su arte hizo la religión inteligible.

Espero explicar todo esto de una manera clara y sencilla mientras conecto el pasado con el presente. Me interesaría conocer sus pensamientos con respecto a estas conexiones, incluso si no están de acuerdo.

Para mis fuentes, me he basado principalmente en historiadores nativos americanos y españoles de renombre mundial: Garcilaso de la Vega, Blas Valera, Alce Negro, jefe José, Pedro Sarmiento de Gamboa y Bernabé Cobo. Ninguno de estos hombres tenía toda la verdad, y algunos incluso trataron de ocultar la verdad.

En 1589, Mancio Serra de Leguizamo escribió una declaración dirigida al rey de España, Felipe II. Deseando descargar su conciencia, informó al monarca que su codicia y la de los conquistadores españoles destruyeron los valores morales de un imperio Inca ordenado y poderoso (Garcilaso de La Vega, xxviii).

Además de los científicos, muchos ávidos entusiastas no han podido decodificar los antiguos símbolos de los glifos. Se encontraron en un callejón sin salida, ya sea porque carecían de información esencial o, habiéndose atado a viejas teorías, no estaban dispuestos a abrir sus mentes a otras posibilidades. Te llevaré a la evidencia dejada en lugares como India, Australia, América del Norte y del Sur que nos permite decodificar los símbolos de Nasca. Mi mapa será lo suficientemente claro y simple para que lo sigas.

Las representaciones de cada animal, planta y forma humanoide de Nasca causaron, y continúan causando, que los observadores se asombren de su magnífico trabajo y tamaño. Desde la década de

1930, miles de visitantes han volado sobre esta antigua y sorprendente galería del desierto que provoca asombro y curiosidad. Este libro se basa en el análisis y la comparación de los glifos de Nasca y otras maravillas arqueológicas antiguas del mundo con el fin de interpretar el significado de las famosas Líneas.

PARTE I:

LA HISTORIA
Y
DESARROLO
DE LA
NACION NASCA

Historia

El antiguo pueblo Nasca era laborioso que dejó atrás una gran cantidad de artefactos como hermosas cerámicas pintadas, tecnología textil avanzada, grandes técnicas agrícolas, pirámides, edificios, un grupo gigante de impresionantes geoglifos y cientos de pozos de agua dulce diseñados con grandes espirales descendentes. Treinta de estas estructuras espirales continúan proporcionando agua a las comunidades locales. Las Líneas siguen siendo un tema importante; a la mayoría de los estudiosos les gustaría saber, con certeza, por qué los Nasca crearon las impresionantes imágenes y qué sucedió con esta antigua civilización.

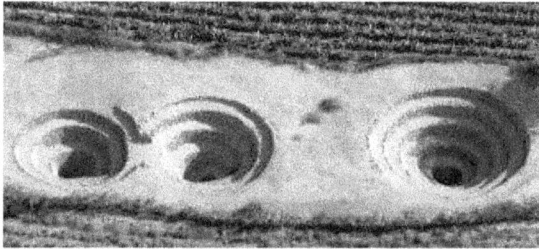

Pozos espirales de Nasca

Los arqueólogos han determinado el siguiente marco de tiempo para las eras de la civilización Nasca dentro del Perú:

1. Nasca temprana (600 a.C. – 450 d.C.): Se desarrollaron sociedades intrincadas, gobernadas por reyes y dirigidas por líderes espirituales.

2. Nasca Media (450-550 d.C.): La gente perdió su organización religiosa y se integró con las culturas del norte.

3. Nasca tardía (550-1100 d.C.): Un período de declive para el pueblo Nasca, un nuevo grupo de personas feroces y sin ley invadió Nasca y tomó residencia.

4. Nasca bajo el gobierno inca (1100-1533 d.C.): El rey Inca Roca comenzó la reconstrucción de Nasca en la década de 1300.

5. Nasca y la conquista española (1533-1821): España estableció su colonización en toda la región del Perú.

Las Líneas de Nasca fueron creadas en algún momento entre 550 a.C. y 500 d.C. Los informes muestran que los restos dejados en esta tierra pertenecían a diferentes grupos de personas. Uno de ellos era el rey preinca Pirua Manco; no era un idólatra y adoraba al dios del patriarca Noé.

Los reyes de ese tiempo y su gente creían que la tierra fue creada por un Gran Espíritu o un dios llamado Illatici Huira Cocha, que moraba en el cielo. El historiador Guillermo H. Prescott señaló cómo los peruanos reconocían a un Ser Supremo del universo, a quien adoraban bajo los diferentes nombres de Pachacamac y Viracocha (Historia de la Conquista del Perú, 78). Sus ceremonias de adoración eran las mismas que las del viejo mundo, que consistían en el ayuno, la purificación, la oración y en hacer ofrendas a su dios.

Tanto el origen como el significado del nombre Nasca son interesantes y explicados en los *Comentarios Reales de los Incas* de Garcilaso, publicado en 1609. Cuando Inca Roca llegó al valle llamado Nanasca, que significa "triste" o "afligido", se enteró de que nadie era capaz de darle una explicación clara de por qué se llamaba afligido. Garcilaso sugiere que el pueblo Nasca experimentó una invasión cruel o una plaga. Los españoles cambiaron el nombre a Lanasca (177).

Hay muchas pruebas de que los primeros habitantes de Nasca sufrieron una invasión violenta por parte de una nación que tenía la práctica de decapitar cabezas para mostrarlas como trofeos. Los Nasca se sintieron tristes de dejar sus tierras fructíferas, su templo y sus líneas sagradas para escapar la violenta invasión. Cientos de años después, Inca Roca organizó la comunidad para cuidar la infraestructura, la agricultura, los geoglifos y los templos. También estabilizó sus creencias religiosas porque fue el primer inca que organizó escuelas para enseñar a la clase noble de los Incas.

Los científicos que han estudiado los diversos artefactos dejados por las personas que vivían en Nasca notaron que el área había sido poblada por tres grupos diferentes. El pueblo Nasca del primer periodo, que tenía una religión organizada, construyó el templo Cahuachi ("casa con beneficios") y creó las Líneas de Nasca. El segundo grupo, los Nasca Medios, continuaron observando las antiguas ceremonias sin organización religiosa. Más tarde, tuvieron que salir hacia el norte para escapar de una destrucción inminente. Los científicos notaron que las cabezas cortadas aparecieron en el período tardío de Nasca.

Este informe indica que los invasores no eran descendientes directos de los períodos Nasca temprano o medio porque (1) no se crearon nuevos edificios en esta era, (2) dejaron evidencia de rituales de sangre, mientras que las Líneas de Nasca no muestran indicios de ceremonias violentas, y (3) el estilo de cerámica de Nasca tardía era diferente del de la Nasca temprana y media. Las prácticas religiosas de los incas parecen ser algo similares a las de los primeros pueblos de Nasca o del primer periodo.

Glifo del mono

Los conquistadores españoles no estaban interesados en avanzar la cultura del pueblo Nasca porque el propósito principal de su gobierno era enviar oro y otros minerales preciosos a España. Esta suposición es apoyada por Felipe Guaman Poma de Ayala, un nativo del siglo XVI considerado un cronista confiable por los historiadores peruanos actuales. Poma escribió cómo los conquistadores españoles y los líderes religiosos trataron a los indios de manera muy injusta, no pagándoles por su trabajo o culpándolos por un crimen que no cometieron y estos no sabían cómo escribir para presentar su reclamo (495). Como nativo peruano, Poma encontró que la codicia de los españoles era contraria a las enseñanzas de los sacerdotes o padres católicos. También se quejó de que sus líderes religiosos crearon discordia entre las autoridades locales y los líderes andinos que tuvieron que pedir dinero a la gente de Poma para pagar a los sacerdotes.

Puede parecer increíble escuchar que las circunstancias de los españoles no eran mejores que las de los nativos bajo la corona española, porque las expediciones españolas fueron pobremente financiadas. Su infantería sin educación consistía en hombres jóvenes sin experiencia militar que simplemente huían de la pobreza. Estos hombres solo tenían tres opciones: ser soldados, cultivar para un terrateniente o convertirse en misioneros.

Los españoles obligaron a los peruanos a renunciar a sus tierras para trabajar en la minería. Por otro lado, cuando el Inca Roca llegó 200 años antes, ordenó a su pueblo mantener los artefactos, edificios, acueductos, tierras de cultivo y glifos del antiguo pueblo Nasca. Probablemente, el Inca consideró que había tenido un alto nivel de civilización durante los períodos Nasca temprano y medio, ya que el rey Inca Roca conocía la región y tenía registros antiguos.

Industria

El pueblo Nasca en el período temprano (alrededor 550 a.C.) desarrolló técnicas avanzadas en la producción de metal, tecnología agrícola, textiles finos y cerámica. Su conocimiento de la biodiversidad podría haber desafiado cualquier técnica y ciencia hace más de 2.000 años.

Crearon finas y hermosas obras de metales preciosos. Los arqueólogos han encontrado pequeños sitios mineros de la Nasca temprana. Estos sitios estaban dedicados a la exploración, extracción y producción. Trabajaron vetas y depósitos para encontrar concentraciones de cobre, oro, plata, hematita y otros recursos minerales. Para el uso del pueblo, aplicaron composiciones químicas para hacer metal que fue usado para muchas cosas.

Agricultura

Nadie pasó hambre en el valle de Nasca, y la idea de que el pueblo Nasca abandonó sus tierras debido a la sequía es discutible. Desarrollaron inventos tecnológicos como sistemas de riego que controlaban las escorrentías y acueductos que traían agua de otros lugares.

Desarrollaron una técnica agrícola que protegió la tierra durante miles de años. Sus métodos consistían en terrazas, canales, redes de riego, rotación de cultivos y uso eficiente del espacio. En las colinas, construyeron muros de retención de 70 cm de altura con 70 cm de tierra entre ellos; estos se usaron como escalones a otro pequeño muro de retención de rocas hasta que las terrazas cubrieron toda la colina. Los muros de piedra absorbían el calor del sol durante el día e irradiaban calor por la noche.

Los principales cultivos de los Nasca eran maíz, calabazas y ají, que rotaban porque cada cultivo dejaba diferentes nutrientes en el suelo. Se plantaron muchos tipos de calabaza en los espacios restantes para mantener el suelo húmedo y libre de malezas.

Al llamar la atención sobre las terrazas de Nasca del primer periodo, mi propósito es aclarar que esta nación no era un grupo salvaje de personas como muchos autores dicen. Construyeron terrazas para producir grandes cantidades de alimentos, lo que permitió a su gente vivir vidas más largas, saludables y felices. Su trabajo fue hecho para durar. Alfred L. Kroeber, autor de *La*

Arqueología y Cerámica de Nasca, Perú, hizo una valiosa observación sobre las terrazas: tardaron mucho tiempo en hacer, y se dedicó mucho trabajo a nivelar, construir muros e incluso construir muros subterráneos (Kroeber's 1926 Expedición, 1998, p. 75).

La cerámica de abajo tiene un diseño que representa sus prácticas agrícolas, incluidas las aves que dejan estiércol para fertilizar el suelo.

Cerámica de Nasca representando el sistema agrícola

En el primer periodo de Nasca, los habitantes hicieron un gran uso del árbol huarango para la construcción de casas, puentes y leña. Las raíces se encuentran entre las más largas de cualquier árbol, extendiéndose más de 40 metros para capturar canales de agua subterráneos y construyeron canales para su uso y para regar sus grandes cultivos.

Cuando los invasores del periodo tardío de Nasca llegaron no tenían conocimiento del sistema agrícola. Es más que probable que cortaran y usaran los árboles de huarango para cocinar y hacer fuego y como postes para levantar sus tiendas ya que eran nómadas y tenían que cazar para alimentarse.

Mas tarde, los españoles usaban los árboles de huarango porque proporcionan leña de larga quema; sin embargo, la deforestación se evitó sorprendentemente ya que los árboles crecen rápidamente. El 28 de noviembre del 2022, un huarango de cuatro siglos de antigüedad, ubicado en el centro ceremonial de Cahuachi, Nasca, fue reconocido como árbol patrimonial.

Los españoles encontraron un suelo rico en el valle de Nasca que producía uvas (y vino) de alta calidad. Además de viñedos, plantaron árboles frutales, olivares, algodón y más.

Los primeros Nasca usaron el lado este (árido) de la tierra para honrar a su dios, enterrar a sus muertos y dibujar sus puntos de doctrina a través de los glifos. En el lado oeste, tenían sus casas, agriculturas, granjas y templos. Era la misma división de tierras que practicaban los antiguos egipcios y otras civilizaciones.

Árbol huarango

Tomé la foto de arriba de un árbol huarango. El agricultor lo plantó para obtener agua del subterráneo y construyó un pozo para regar sus acres de agricultura. Ahora el gobierno peruano tiene una ley contra la tala de árboles de huarango.

Textiles

En la década de 1950, se encontró durante una excavación en el sitio sagrado de Cahuachi en el valle de Nasca un textil de 60 metros de largo por 18 metros de ancho tejido de una sola tela. Se necesitaron muchos años y mucho hilo para tejer esta tela. Los textiles de Nasca fueron hechos con fibras de calidad. El padre Cobo describe la tela de los indios (para los españoles todos los habitantes del Perú eran indios) como delicada y de excelente calidad (174). El hilado y el tejido habían sido actividades transmitidas desde el primer período. También escribe sobre una gran jarra de barro que encontraron con tela hecha de cumbi fino y la describe como la tela más fina que haya visto (97, 106, 151, 188). Hay textiles existentes que datan del año 200 a.C. y que todavía están en buenas condiciones. Tienen líneas peculiares que siguen las diversas formas del diseño. Los hilos brillantemente teñidos de amarillo, azul, beige, marrón y rojo siguen siendo vibrantes, y los hechos del cabello sedoso de las chinchillas permanecen suaves al tacto.

Los textiles se hicieron para vestir a las personas tanto en regiones cálidas como frías. La ropa usada en las montañas estaba hecha de lana y en lugares cálidos, de algodón. Cobo informa que, en la antigüedad, la ropa del inca era muy elegante (187). Había una diferencia de calidad de tela usada por la nobleza y la gente. Para la nobleza, los colores y los diseños en relieve son brillantes, lo que generalmente implica que estaban hechos con una fina seda similar a la fibra que había sido estrechamente tejida.

Puede existir la probabilidad que los inmigrantes trajeron la tela de seda con ellos. La seda hecha con la polilla Bombyx mori en China en 2600 a.C. También se ha descubierto una momia egipcia envuelta en seda y que data de 1070 a.C. En una tierra, como el Viejo Mundo, que no está separada por agua, un comerciante podría viajar en camello de Egipto a China o India para comerciar, una actividad registrada que en realidad comenzó antes del comercio y más conocida como la Ruta de la Seda. O bien los pueblos andinos en el primer período (muchos descubrimientos se han fechado más allá de 500 a.C.) llegaron a América con el conocimiento de cómo era la seda, o ellos introdujeron el tejido fino y el color iridiscente.

La tela hecha por los pueblos andinos brilla como la seda real. Martín de Murúa, sacerdote del País Vasco, escribe extensamente sobre este tejido en su *Historia del Origen y Genealogía Real de los Reyes Incas del Perú* (Getty, folio 30v). Murúa muestra a Capac Yupanqui con un manto azul brillante usándolo de una manera muy especial. El tejedor produjo el azul superponiendo pigmento azul azurita sobre un fondo rosa, lo que resultó en un vibrante choque de colores.

Guaman Poma, quien también describió los colores de la vestimenta del rey inca en su texto, declaró que Capac Yupanqui llevaba un manto del color llamado torne azul. Con los folios ilustrados en color, Murúa anota lo que Poma solo nombra, es decir, aparece una tela de doble color, conocida en España como tornasol (literalmente, "se vuelve hacia el sol").

El tornasol se ha documentado como una tela utilizada en España desde el siglo XIV y se ha encontrado en los inventarios de Aragón, que incluyen mantos y paños hechos de "tafetán de tornasol". El tafetán es un tejido mediano o ligero de acetato, nylon, rayón o seda, generalmente liso, crujiente y brillante, tejido liso y con un fino efecto. El tafetán se considera como seda artificial. Murúa y Poma describieron la calidad del textil andino temprano que, a sus ojos, tenía el mismo valor que la seda hecha en Egipto, China o Europa.

La ropa sedosa del Inca Capac Yupanqui

Los Nasca demostraron técnicas avanzadas en la fabricación de estos textiles, así como en el conocimiento científico sobre la preservación de los recursos naturales como los cabellos de las chinchillas. Las telas suaves se tejían de algodón, así como pelo de alpaca y llama, sin hilos de corte que requerían el más alto nivel de habilidad. La investigación de la calidad de los antiguos tejedores del Perú es gratificante porque uno realmente puede apreciar la habilidad que tenían para crear telas de colores impresionantes.

Cerámicas de Nasca

Las dieciséis piezas de cerámica que se muestran posteriormente tienen casi los mismos diseños que los glifos correspondientes en el desierto. De hecho, las Líneas de Nasca son un retrato desértico de un grupo principal de veintidós figuras que representan los puntos de su religión. Estas cerámicas fueron utilizadas como recordatorios cotidianos de las creencias religiosas de esta civilización. Muchos científicos han preguntado por qué la gente de Nasca hizo estas líneas majestuosas, ya que la mayoría de los diseños solo se pueden ver desde el aire. Una respuesta definitiva y simple es que el pueblo Nasca vio los glifos en sus cerámicas y textiles diariamente.

Espiral	Ballena	Ave Marina	Buitre
Estrella	Garza	Condor	Araña
Colibrí	El Ojo	Planta y Suelo	Loro
Pelícano	Bebé Condor	Caimán	Mono

Los Nasca del primer periodo puso mucha energía en ayudar a su gente a recordar sus principios religiosos o cosas que consideraban sagradas, tanto caminando dentro de las líneas o glifos como colocando los símbolos en varios artefactos. Ambos métodos ayudaron a asegurar que su gente tuviera los recordatorios siempre presentes del propósito de la vida.

El arte de Nasca era tan importante para ellos que querían que los artefactos mantuvieran su rico color y brillo y continuaran contando su historia. Su cerámica a menudo incluye numerosas marcas radiantes en el fondo producidas por líneas de pintura que se extienden de izquierda a derecha. La ejecución de sus diseños exhibió los mismos métodos de sobrepintar que los egipcios, especialmente los ojos con círculos huecos y la boca como un óvalo hueco. Entonces el arte de Nasca tenía muchos puntos en común con el arte egipcio no solo en la organización de sus tierras, su seda sino en el trabajo de la cerámica. Pero los Nasca utilizaron una técnica altamente refinada ya que las paredes de su cerámica eran muy delgadas y redondas; diferente al de otras culturas.

El estado sorprendentemente bueno de la cerámica de Nasca no se puede explicar. Debido a que la cerámica fue enterrada con los antepasados de Nasca para ayudarlos a ascender a un buen lugar en el mundo de los espíritus, cada pieza fue diseñada para durar. Incluso los colores han durado miles de años. Kroeber clasificó numerosas muestras de cerámica como únicas de otras culturas debido a lo bien que su pintura aún mantiene la coloración (139).

El pueblo andino del lado este de las montañas y el pueblo Nasca del oeste compartían las mismas creencias e historia. Los andinos de diferentes y distantes regiones peregrinaron a Nasca para realizar ceremonias especiales. En el primer periodo, la gente era monoteísta ya que el rey Pirua Manco adoraba al Dios de Noé. Las ofrendas traídas por estos peregrinos no sólo tenían origen en la costa, sino de todas las regiones circundantes. Al regresar a casa, estos viajeros probablemente también "llevaron" experiencias espirituales y cerámicas policromadas con ellos debido a la gran cantidad que se encuentra en diferentes áreas.

También es importante tener en cuenta que las imágenes en algunas de las cerámicas provocan disgusto a las personas sensibles debido a las caras espeluznantes de los animales, y dibujos con actividades violentas. Pero estas imágenes no representan toda la cultura. La mayoría de las cerámicas de las primeras personas tenían inclinación espiritual; las piezas fueron elaboradas para el beneficio de sus antepasados muertos, de ellos mismos y de aquellos que vinieron de lugares lejanos para conectarse con su dios.

Animales en las líneas de Nasca

Los primeros pueblos de Nasca mostraron su conocimiento de los rasgos de los animales en el arte de sus glifos. Durante muchos siglos, los científicos creyeron que solo los humanos poseían mentes cognitivas. Hoy en día, los científicos entienden que los animales, las aves y los mamíferos tienen la capacidad de conectarse tanto con sus compañeros como con las personas a través de la risa, el ronroneo, los silbidos y los ruidos tristes o enojados. También muestran comportamientos que indican la capacidad de adquirir y aplicar conocimiento y habilidades.

Glifo del cóndor

Los animales pueden ser modelos ingeniosos para sus compañeros. Ellos muestran bondad, amor y compasión, así como muchos rasgos de inteligencia. La pregunta por qué este antiguo pueblo eligió a la ballena, el cóndor, el loro, el mono, el caimán, la garza, la araña y otros como agentes de su religión, necesita ser contestada.

Muchos nativos americanos y antiguas naciones andinas creían que los animales eran conscientes de sí mismos porque habían observado monos mirándose a sí mismos en el agua. El propósito también se vio en la obvia intención de los machos de atraer parejas. A menudo se puede ver a adultos de varias especies ayudando a los jóvenes a cruzar un arroyo empujándolos, tirando, jalándolos o incluso arrastrándolos con la boca. Ellos observaron que los animales muestran curiosidad, carácter, instinto y conocimiento de cómo dirigir y organizar sus grupos.

En la cultura nativa americana, los jóvenes tenían que participar en una ceremonia para encontrar su propósito en la vida buscando inspiración en el Gran Espíritu. Como parte de este ritual, ayunaron y meditaron durante un tiempo en soledad en un sitio sagrado que sus líderes habían elegido. En respuesta a sus oraciones, vieron aparciones de animales o fuerzas de la naturaleza en visiones o sueños. En su juventud, los líderes famosos recibieron nombres de animales, como Alce Negro, Oso Parado, Toro Sentado o Trueno que rueda bajo las montañas (jefe José), y fueron guiados por ancianos que los ayudaron a interpretar los sueños y los asignaron como aprendices a líderes locales, quienes luego les enseñaron cómo servir mejor a su gente.

El historiador Garcilaso de la Vega registra otro ejemplo de la antigua costumbre inca de dar un nuevo nombre. Inca Viracocha cambió el nombre de su hijo de Titu Manco Capac a Pachacútec, "reformador del mundo" (393). Pachacútec mostró a su padre que podía liderar y conquistar nuevas naciones. Esta antigua costumbre esta registrado en el libro judío, "Con estas palabras: 'Tu nombre es Jacob, pero ya no te llamarás así. De aquí en adelante te llamarás Israel'. Y, en efecto, ese fue el nombre que le puso" (Genesis 35:10, NVI). Esto muestra una conexión de cultura con el antiguo mundo.

Aparte de la costumbre de dar un nuevo nombre usando los animales y las fuerzas naturales, también es importante tener en cuenta que cada especie animal tiene sus propios atributos. A diferencia de la capacidad humana para realizar múltiples tareas, los animales tienen una memoria más corta y más enfocada. Cuando tienen hambre, cazan para comer. A medida que se pone el sol, saben buscar refugio. Actúan según sus necesidades actuales, que están diseñadas para protegerlos del peligro y, especialmente del hambre y del invierno. Su diseño también les da rasgos especiales como nadar, volar, tener velocidad, esconderse, piernas fuertes, alas grandes, excelente visión, mandíbulas y dientes fuertes. Los animales también protegen sus propias comunidades mediante el uso de "lenguajes" especializados para advertir a otros de un peligro.

El propósito de los lideres espirituales de Nasca incluía aprender y enseñar rasgos divinos que creían que la humanidad heredó del Gran Espíritu Pachacamac (Creador de la Tierra, o Creador y Sustentador del Universo). Las enseñanzas y los rasgos de animales se muestran en las Líneas de Nasca. Uno de estos rasgos que el nativo americano uso era para cuidarse unos a otros. Los antepasados nativos americanos mostraron preocupación por su pueblo a través de enseñanzas orales. La nación Zuni enseñó que "En la noche, todos los gatos son leopardos". Este dicho fue dado como una advertencia de posibles peligros por la noche, utilizando rasgos de animales para representar distinciones humanas de virtud o moralidad.

Los Nasca creían en el desarrollo de un conjunto de características que les ayudarían a permanecer cerca de su dios. Garcilaso comparte que los indios creían que todos los animales fueron creados para ser útiles, incluso los salvajes (327). La gran creación de Dios que vieron a su alrededor, les ayudó a mirar hacia el cielo y recordar a su Dios siempre. Muchos científicos creen que las figuras representan a la deidad Nasca. Algunos de ellos lo hacen, y explicaré lo que representan en los capítulos siguientes. La civilización Nasca creía que los animales eran mensajeros en el día y que, en las horas de vigilia o en los sueños, los ayudarían, les advertirían y, a veces, incluso los protegerían. He experimentado esto a pequeña escala.

Una tarde, estaba a punto de entrar a la calzada de mi garaje cuando noté una gran cantidad de ardillas corriendo por todas partes, subiendo y bajando de los árboles, a lo largo de la cerca y haciendo mucho ruido. Estaba confundida hasta que observé una gran ardilla muerta en el suelo y otra ardilla grande usando sus dientes para mover el cuerpo fuera de mi lugar de estacionamiento. Mostrando sus dientes como una advertencia para detenerme, procedió a tirar del cadáver a un lado. Las otras ardillas parloteaban en voz alta para advertirme que no continuara. Me estacioné en otro lado, sin querer faltar respeto a su dolor y pérdida.

Muchas veces, he disfrutado de la compañía de colibríes mientras regaba mi jardín. Algunos han volado tan cerca que casi podía tocarlos. A veces hacía un arco del agua a cinco pies por encima de las plantas, y estas hermosas aves volaban enérgicamente mientras intentaban beber del líquido. También he visto varias especies de aves luchando en lo alto, sus plumas revoloteando en el suelo. Los ruidos que hacían mientras estaban en combate eran ruidosos y escalofriantes.

Una vez vi un nido de pájaro de casi 60 cm de diámetro caer del alto árbol de mi vecino en un viento fuerte. Me sorprendió la hermosa construcción del nido. A pesar de que era viejo y abandonado, la forma perfectamente redonda fue cuidadosamente elaborada con pequeñas ramitas, y la cama estaba forrada con algodón, hojas pequeñas, pieles de animales y plumas. Estaba asombrada de la artesanía.

La civilización Nasca creía que los animales podían llevar mensajes a los humanos. Si bien nuestras mentes modernas pueden encontrar esto difícil de creer, personalmente he sentido que los animales a veces están entregando un mensaje oportuno, un coro de gorjeos que me advierten de un peligro o una actividad inusual de ellos para recordarme algunas tareas importantes que había olvidado. Hasta cierto punto, esta antigua creencia en el intercambio de animal a humano resuena conmigo.

Varias teorías sobre las Líneas de Nasca

En 1553, Pedro Cieza de León escribió en su libro una descripción de las Líneas de Nasca como marcadores de senderos. 1926, el arqueólogo peruano Toribio Mejía fue el primero en estudiar e informar sobre las Líneas de Nasca. Su informe creó un interés mundial en la comunidad científica, que hasta el día de hoy continúa investigando y reflexionando sobre el propósito de las Líneas. Cuando las aerolíneas comerciales comenzaron a volar sobre el territorio peruano, miles de personas comunes también tuvieron la oportunidad de observar y apreciar estos dibujos. Hoy, casi 100 años después del informe de Mejía, las Líneas de Nasca se clasifican como uno de los sitios más populares y desconcertantes del Perú. Durante el último siglo, varias teorías han recibido serias consideraciones, aunque ninguna puede ser probada.

Teoría de constelaciones

En 1939, mientras María Reiche, una matemática y traductora técnica alemana, estaba enseñando en Lima, Perú, cuando se enteró de que el historiador estadounidense Paul Kosok estaba observando extraños dibujos en el desierto de Nasca y lo contactó. Reiche pronto se convirtió en su asistente y, finalmente, guardián de las Líneas. Ella y Kosok creían que algunas figuras se alineaban con una constelación análoga y, juntas, formaban un esquema astronómico. Otros estudios, sin embargo, desacreditaron esta explicación del observatorio astronómico ya que solo el 30% de las líneas se correlacionaban con las estrellas.

Pero la pasión de Reiche por las figuras no fue un esfuerzo inútil. Gracias a ella, las Líneas de Nasca ganaron la atención mundial. Ella protegió las figuras de los visitantes que caminaban dentro de las líneas, ya que el tráfico peatonal constante erosionaría o desplazaría las rocas y la grava. Finalmente, el gobierno peruano restringió oficialmente el acceso a la zona y ordenó la construcción de una torre junto a la carretera, evitando así daños mayores y permitiendo a los turistas ver al menos tres figuras completas: el árbol, el caimán y las dos manos.

Teoría del acceso al agua

Otra teoría popular por el arqueólogo astrónomo Anthony F. Aveni, era que las líneas convergían en patrones y trapecios que apuntaban a donde el agua entraba en los valles de los ríos. El agua de la montaña llenó acueductos que no se han secado. La capacidad del pueblo Nasca para diseñar canales de calidad que han durado más de 2,000 años es impresionante. Sin embargo, después de una investigación adicional, los geólogos notaron que solo el 30% de las Líneas apuntan a canales de agua.

Al igual que la teoría de constelación, este porcentaje indica que la teoría es inexacta.

Teoría de la pista alienígena

El popular autor suizo Erich von Daniken tiene una teoría ridícula. Él cree que las líneas pueden haber sido hechos por terrícolas y que los usaron como pistas para platillos voladores extraterrestres. Parece increíble que algunas personas estén más dispuestas a dar crédito a los ovnis que admitir que el antiguo pueblo Nasca pudo ejecutar estas figuras gigantes en el desierto, pero tales afirmaciones nos dan la perspectiva sobre cuán misteriosas son realmente las Líneas de Nasca.

Actualización en el siglo XXI

La última y más aceptable teoría de muchos científicos y eruditos es que estas líneas fueron creadas para ser un templo al aire libre y fueron utilizados para rituales religiosos. Hace unos años, Rubén García, arqueólogo y director regional de Inca Inc., compartió sus ideas sobre el propósito de las líneas: que algunas de las principales líneas apuntan al centro ceremonial de Cahuachi donde a menudo terminaban las peregrinaciones y los viajeros hacían ofrendas. Las líneas eran caminos sagrados donde realizaban ceremonias personales y grupales. Las figuras representan la creación. La vida del pueblo Nasca estaba comprometida con su dios. Caminaron, cantaron y tocaron música dentro de las líneas. No hay evidencia de sacrificio humano en las líneas, y él cree que hay más líneas por descubrir. Otro científico que respalda esta teoría es David S. Whitley, PhD, una autoridad líder en geoglifos. Whitley afirma que tanto las Líneas de Nasca como los intaglios de Blythe en California son de origen espiritual y representan aspectos de la creación.

Templo de Cahuachi

Las Líneas de Nasca como Patrimonio de la Humanidad
En 1994, las Líneas de Nasca fueron designadas Patrimonio de la Humanidad por la UNESCO y recibieron un certificado de autenticidad. El certificado establece que la creación, el diseño, la morfología, el tamaño y la variedad de los geoglifos y las líneas corresponden a los diseños originales producidos durante la evolución histórica de la región y se han mantenido sin cambios. La

ideología, el simbolismo, el carácter sagrado y el paisaje están representados, y su orden permanece intacto incluso hoy en día.

Cuestiones de preservación

Las líneas están sufriendo un cambio debido al trabajo de excavadoras comerciales privadas que utilizan la arena como material de construcción. La carretera construida junto a tres de los símbolos también causa danos. Existe una falta general de ayuda financiera para proteger el sitio. En 2009, las Líneas sufrieron sus primeros daños por causas naturales. Fuertes aguaceros inundaron la carretera Panamericana, depositando cantidades significativas de arena y arcilla en tres dedos del geoglifo de la mano.

En 2013, una empresa minera peruana dañó seriamente un área cuando su excavación destruyó todo un conjunto de figuras geométricas. La única explicación ofrecida fue simplemente que "las líneas están en [su] propiedad privada, y él puede hacer lo que quiera con su propiedad". Las empresas mineras tienen mucho apoyo del gobierno.

En 2014, los miembros de Greenpeace dañaron un área cerca del colibrí al caminar a través de una sección prohibida que rodea la imagen de 92 metros y cubrieron la tierra con grandes letras amarillas destinadas a enviar un mensaje a los delegados del cambio climático que volaban hacia Lima. El gobierno peruano presentó una demanda contra el grupo, y los ambientalistas se disculparon, pero no se proporcionó dinero para la restauración.

En enero de 2018, un conductor de camión se quedó dormido y condujo sobre tres de los geoglifos. Las marcas de los neumáticos dejaron daños sustanciales. Fue multado, pero estas pequeñas reparaciones recaudan solo una fracción de los fondos necesarios para un mantenimiento adecuado. Se necesitan regulaciones más estrictas para proteger las líneas.

Detalles de las líneas

El pueblo Nasca insertó los veintidós diseños más significativos dentro de 800 líneas para crear un mural de 274 kilómetros en la costa árida. El suelo que rodea estas figuras sagradas permite que el ojo se sienta atraído por los glifos.

Desde el aire, un símbolo tras otro tiene un espacio proporcional que permite que cada uno sea apreciado por su propio diseño único y le da un significado más profundo a cada figura.

Esta galería de veintidós figuras se distingue de los glifos más antiguos o anteriores en función de los detalles, los puntos en común y la sofisticación del estilo artístico. El impresionante trabajo ha recibido elogios de arqueólogos, científicos y entusiastas de la civilización antigua de todo el mundo.

Glifo de la flor

Las figuras gigantes y las largas líneas rectas son arte geo-abstracto. Los creadores consideraron cuidadosamente los detalles en las formas, la textura rocosa, el vasto espacio y el color claro del suelo que permite verlos desde el cielo. Su tenacidad produjo un mural increíble cubierto de círculos colosales, trapecios, triángulos y líneas en direcciones aleatorias. Junto a, o insertado entre, las líneas forman dibujos impresionantes. Todo esto de un grupo de artistas que nunca pudieron simplemente dar un paso atrás y echar un vistazo a su trabajo terminado porque lo que veían eran rocas.

La colocación de figuras pequeñas dentro de una figura más grande también se encuentra en el arte religioso antiguo de otras partes del mundo. El elefante petroglifo en Konkan, India, tiene figuras más pequeñas de animales y personas en su interior. Los estudiosos solo saben que los lugareños de la comunidad consideran sagrado el petroglifo del elefante. Las antiguas enseñanzas asiáticas también suelen usar rasgos de animales para enseñar virtudes. El elefante en la India es un símbolo de la familia, amor, protección, paz, paciencia, amabilidad, compasión, familia, lealtad y victoria sobre los obstáculos. Los científicos han estudiado seriamente a los elefantes desde la década de 1950 y han observado las siguientes capacidades cognitivas: gran poder para procesar información (tienen el cerebro más grande de cualquier animal terrestre), resolución creativa de problemas, construcción y uso de herramientas, respeto por la sabiduría de los elefantes mayores, capacidad de llorar, auto reconocimiento y comunicación social.

Los elefantes son respetados por su lealtad y fuerza. Las imágenes de elefantes se encuentran en las banderas nacionales, en el Zodíaco Primal y en numerosos monumentos y memoriales de guerra. El elefante tallado en Konkan fue hecho como un símbolo porque las personas querían enseñar el camino de la sabiduría. En el año 700 a.C., los judíos usaron el cordero blanco para simbolizar el sacrificio del profetizado Cordero de Dios (Isaías 53:7). Los animales en las Líneas de Nasca, el elefante en Konkan y el uso del cordero blanco por parte de los hebreos demuestran cómo varias religiones antiguas usaron animales como símbolos para enseñar sus creencias.

Los colonos de Nasca del primer período parecían promover la comunicación con un dios y fueron capaces de interpretar los mensajes divinos que declararon haber recibido a través de visiones, sueños y revelaciones en sus glifos. ¿Por qué el pueblo Nasca caminaría a lo largo de las líneas como parte de una ceremonia sagrada si no sentían algún mandato divino para hacerlo? ¿A dónde, metafóricamente hablando, los llevaron las líneas? ¿En qué parte de las líneas aprendieron acerca de Dios? Y si hubo aprendizaje, ¿qué enseñaron los símbolos? Al igual que otras culturas antiguas, los esfuerzos religiosos de los Nasca demuestran la comprensión de una relación básica con Dios y la necesidad de una guía divina. Estos preceptos se expresaron en los símbolos dibujados en la tierra como verificación de la verdad. Una interpretación de cada uno de estos símbolos se presentará más adelante en este libro.

La plétora de significados que la palabra *línea* tiene en nuestra vida diaria es interesante. Por ejemplo, un actor debe memorizar sus líneas. Un profesor de matemáticas explica que una línea recta conecta dos puntos (Dios y la raza humana). Una línea directa es cuando un fabricante vende un artículo a un usuario. Una línea directa también puede ser una línea telefónica que va directamente a alguien importante o un linaje familiar que incluye solo padres, abuelos, etc. Un consejo dice: "Cuando se pierden, piensan que están caminando en línea recta, pero lo cierto es que lo están haciendo en círculos". Nuestra sociedad pone mucho énfasis en la comunicación directa, una ruta directa, instrucción directa, etc. Apropiadamente entonces, las Líneas de Nasca proporcionaron una línea directa de comunicación entre una civilización antigua y su Dios.

Otro punto es el énfasis que el mundo antiguo le dio a la *palabra línea* como un paso para aprender o lograr algo. "Porque mandamiento tras mandamiento, mandato sobre mandato, renglón tras renglón, línea sobre línea, un poquito allí, otro poquito allá" (Isaías 28:10, RVR 1960). El pueblo Nasca uso las *líneas* como un instrumento de aprendizaje. Un proceso de aprendizaje positivo y continuo que proporcionó estabilidad, un camino constante hacia la mejora y oportunidades para una mayor paz y alegría en la vida. La población de los primeros Nasca demostró que lograron todas estas cosas dejando evidencia de su progreso, una rica cultura y una comprensión religiosa tanto dentro de sus lugares de entierro como en sus majestuosos glifos.

Religión en las líneas de Nasca

El estudio de artefactos de civilizaciones antiguas muestra cómo varias poblaciones trataron de vincular sus vidas con lo divino. Rubén García y David S. Whitley, muy respetados arqueólogos del siglo XXI de Perú y los Estados Unidos, respectivamente, están de acuerdo en que los geoglifos tanto en California como en el sitio de Nasca representan algún tipo de práctica religiosa.

La mayoría de los científicos han concluido que la sociedad Nasca temprana era una nación pacifista. No se encontraron flechas, arcos, lanzas, hachas, palos de guerra, hondas o cualquier otro tipo de arma alrededor de las líneas, los templos o sus sitios de entierro. En cambio, los arqueólogos han encontrado cerámica rota, conchas marinas, alimentos y cerámicas como ofrendas al dios de Nasca. La gente realizaba ceremonias sagradas caminando dentro de los geoglifos de Nasca y dejando ofrendas fuera de las líneas porque creían que Dios los ayudaría en sus necesidades.

Si bien son valiosas, muchas otras preguntas aún no se han resuelto al respecto. ¿Qué otras razones propiciaron estas obras de tal magnitud?

Línea en la colina Columbia, WA, EE.UU.

Similar a las Líneas de Nasca

Símbolos similares también se encuentran en el petroglifo de Toro Muerto a 483 kilómetros al sur de Nasca, el gran petroglifo de elefantes en la India, el mural del acantilado de Nourlangie en Australia y el mapa estelar de la Lámina de oro que está en el Templo del Sol de Cusco; todos comparten los mismos símbolos culturales. Estas obras de arte globales fueron creadas por personas antiguas que creían en un Creador Supremo de todas las cosas. Si bien sus formas difieren, comparten la misma historia.

Las antiguas civilizaciones creían en Dios, el creador. En el antiguo Egipto, Ra era el gran dios que hizo el universo y a quien construyeron un monumento simbólico. En América del Sur, Dios fue llamado Pachacamac, otro término para "creador del universo". Ambos países compartieron la misma historia: "Al principio, solo había Oscuridad. Cuando Dios dio vida con su aliento estaba listo para crear, una isla emergió del agua, la luz brilló del cielo y los seres vivos nacieron en la tierra" (Sarmiento, 30-32). Estas antiguas poblaciones creían en la naturaleza todopoderosa y eterna de Dios.

Los Nasca y otras culturas tempranas se refirieron a la Tierra como una madre. Los pueblos andinos se referían a nuestro planeta como Pachamama, Madre Tierra. La Madre Tierra estaba en el centro de la adoración maya. Los mayas creían que el mundo era una combinación de los cielos y el inframundo unidos por un árbol gigante con ramas en los cielos y raíces en el inframundo. Los aztecas llamaron a la tierra Tonantzin, que literalmente significa "nuestra madre". La diosa china de la Tierra Hou Tu es similar a Gaia, la diosa griega que personifica la Tierra. Para los hindúes, la Tierra es conocida como Bhuma Devi, "la diosa de la Tierra". Es interesante observar cuán conectadas estaban estas primeras civilizaciones para dar a la Tierra una identidad femenina con poder.

Cada nación creía que, como seres humanos, era su deber cuidar de la Madre Tierra preservando los recursos naturales que sostienen la vida como una madre amamanta a su hijo pequeño. A pesar de la distancia y el tiempo, había una comprensión humana universal de que la vida dependía de los recursos de la Tierra. La Tierra proporcionó alimento tanto para la raza humana como para el reino animal. Y, según la fábula, la Madre Tierra también mostró su enojo enviando plagas, pandemias, tsunamis, deslizamientos de tierra, incendios y otros desastres naturales para recordar a sus hijos que había un Dios.

Muchas culturas antiguas vieron el cielo como una diosa. Los egipcios se referían al cielo como la Diosa Nut. Para los aztecas, Dios era el líder de la diosa Tollan (cielo). El cielo como diosa proporcionó vida con luz, viento, lluvia y calor durante las cuatro estaciones. Al mismo tiempo, tenía poder para crear las fuerzas naturales de truenos, tornados, huracanes, sequías, inundaciones, granizo y nieve. Algunas naciones creían que la diosa del cielo servía a Dios al causar desastres naturales para recordarle a la humanidad a ser mejor. Los antiguos creían que estas fuerzas de la naturaleza estaban asociadas con Dios.

Roca tallada en hebreo
(Sinia, 1480 a.C.)

La escritura hebrea fue grabada en piedra cuando la escritura estaba en su infancia. Hace casi 4.000 años, los israelitas tomaron veintidós hieros glifos egipcios antiguos y los convirtieron al alfabeto hebreo. El dibujo de la roca de arriba describe un antiguo mandamiento dado al profeta Moisés: "Y él [Dios] lo ha llenado [Bezaleel] con el espíritu de Dios, en sabiduría, en inteligencia, en ciencia y en todo arte" (Éxodo 35:31, RVR 1960). Los Diez Mandamientos no fueron las únicas instrucciones que recibió la nación, ya que también tenían líderes que declararon que se comunicaban con Dios.

Las creencias morales impulsaron a los habitantes del Viejo Mundo a observar leyes. Entendieron la relación entre las acciones y las consecuencias. Por ejemplo, uno de los primeros conjuntos de leyes fueron los Diez Mandamientos escritos en dos tablas de piedra.

La pregunta, entonces, es ¿cómo recibieron el pueblo hebreo y otras naciones antiguas instrucción de su Dios? Se pueden encontrar numerosos elementos de orientación o verdad en fábulas, leyendas, mitos y escrituras sagradas que relatan historias de estas civilizaciones.

A menudo se encuentra en estos escritos religiosos cómo recibían mensajes divinos. Considere el consejo del profeta Job, un descendiente de Noé que amaba a Dios, adoraba solo a Él. Era paciente, firme y buscaba el perdón de Dios a menudo. En el capítulo 33, dice: "Porque Dios habla, ahora de una manera, ahora de otra, aunque nadie lo perciba. En un sueño, en una visión de la noche, cuando el sueño profundo cae sobre la gente mientras duermen en sus camas, él puede hablar en sus oídos y aterrorizarlos con advertencias, para apartarlos de las malas acciones y guardarlos del orgullo" (Job 33:14-17, NVI).

Los antiguos pueblos andinos también declararon que habían recibido orientación, instrucción y advertencias en sus sueños. Parece que Dios no había dejado de instruir a su pueblo. Los misioneros españoles aprendieron que los nativos andinos tomaban sus sueños muy en serio. En el tiempo de la conquista española, el padre Cobo, un sacerdote jesuita y misionero, escribe que los incas afirmaron que recibieron órdenes de Dios a través de sueños y revelaciones (4). Cobo describe la comunicación nativa con Dios como fantasías, pero, como peruana nativa, recuerdo a mis propios padres hablando de sus sueños y los recibieron como advertencias o buenos augurios.

Más tarde, Cobo explica que los indios razonaron que Dios era la primera causa o creador de todas las cosas, y si Él los creaba, entonces podía restaurarlos nuevamente (6). Además, agrega que los razonamientos vinieron de sus antepasados, y que no pudieron explicar los motivos porque no sabían dónde hallarlos (9).

PARTE II:

LAS
LINEAS DE NASCA
Y OTRAS MARAVILLAS
DEL MUNDO

Petroglifo de elefante—Konkan, India

En 2012, Sudhir Risbood y Manoj Marathe, ingenieros eléctricos que caminaban por la costa Konkan de la India, descubrieron la imagen tallada de un elefante de 15 metros con aves, peces y figuras humanas en su interior. Los estudiosos informan que estas tallas rupestres probablemente se crearon entre 5,000 a 10,000 a.C. Los lugareños de la comunidad conocían las tallas y las trataban con reverencia. Algunos de los símbolos dentro del elefante también fueron considerados sagrados en otras civilizaciones.

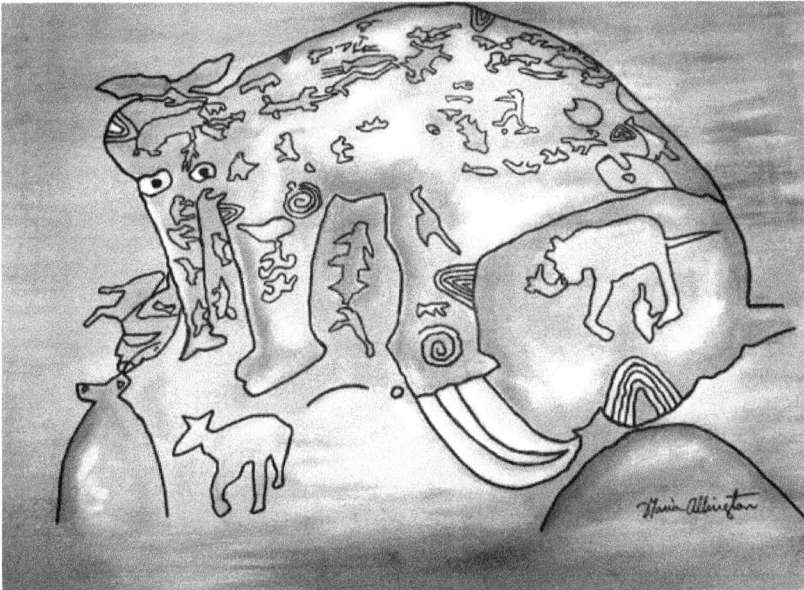

Toro Muerto Petroglifo—Arequipa, Perú

El nombre Toro Muerto deriva de los rebaños de ganado que murieron de deshidratación en la costa de Arequipa. Este lugar es del paleo-formativo (fechado 2.000 a.C. por la UNESCO), este sitio tiene el mayor reservorio de petroglifos en el mundo (5.000). Los grabados incluyen serpientes, monos, aves, personas, peces, lobos, cóndores, llamas y más. En investigaciones más recientes, los científicos han encontrado ofrendas de alimentos en el fondo de algunas formaciones rocosas y determinaron que estos se consideraban lugares sagrados.

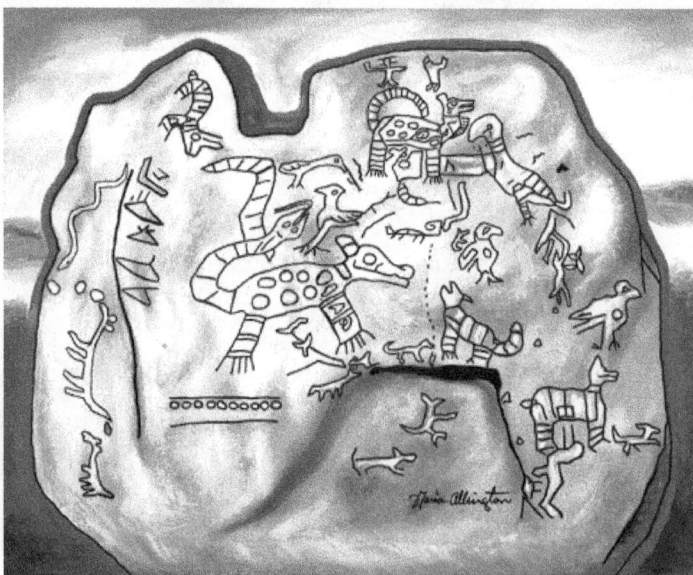

Arte rupestre de Nourlangie—Australia

La ciencia respalda esta obra de arte del Patrimonio Mundial con una antigüedad de 5,000 a.C. o más. Los aborígenes afirman que un grupo identificado como "soñadores" pintó las rocas para transmitir sus creencias. La pintura incluye tres figuras antropomórficas. Namarron (hombre relámpago) es dibujado como un fantasma con un arco sobre su cabeza. Junto a él está el dios Namondjok (el creador) y debajo está la esposa Barrginj.

La Lámina de Oro del siglo XVI—Iglesia de Santo Domingo, Cusco, Perú

Aunque mucho más recientes, estos dibujos comparten la misma historia que las misteriosas maravillas anteriores que acabamos de describir. La lámina de oro fue dibujada por el peruano Pachacuti Yamqui, nieto del último Inca. Había visto los símbolos en las paredes del templo de Coricancha. Casi al mismo tiempo, los españoles quitaron todas las láminas de oro de Coricancha y las fundieron para enviar el oro a España.

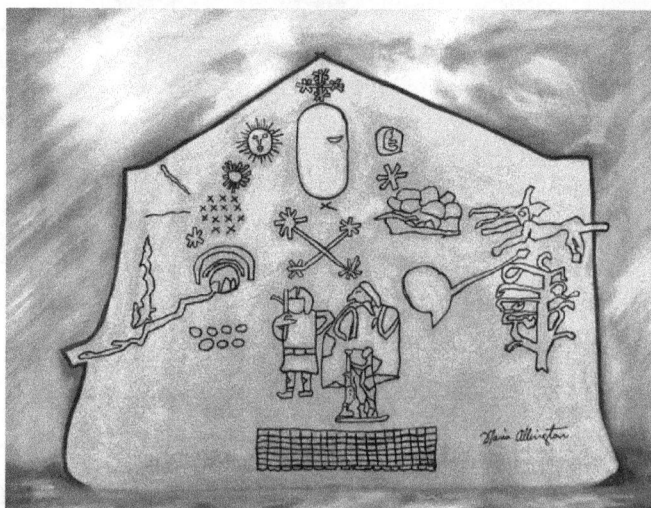

Intaglios de Blythe—California, Estados Unidos

Un sitio ceremonial religioso utilizado por las naciones Mohave y Quechan. Los geoglifos representan la creación (450 D.C.).

El templo de Pachacamac en Perú tiene los mismos dibujos que los intaglios de Blythe.

Las Líneas de Nasca

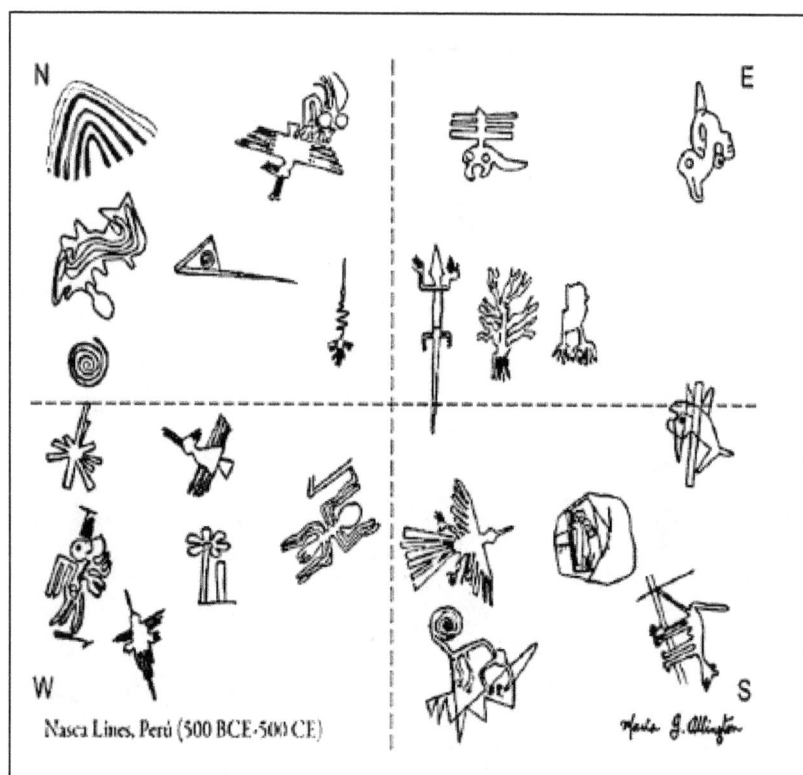

Nasca Lines, Perú (500 BCE-500 CE)

Imágenes en las líneas

Norte: Arco iris, ave marina, ballena, ojo, espiral y garza

Este: Loro, cóndor bebe, caimán, árbol, y dos manos

Oeste: Estrella, buitre, pelicano, flor, araña y colibrí

Sur: Cóndor, hombre, ballena joven, mono y perro

Las líneas de Nasca son geoglifos gigantes que cubren 274 kilómetros de tierra costera árida en el sur de Perú. El sitio se encuentra a 451 kilómetros al sur de Lima, la capital. Los glifos más populares son el colibrí de 98 metros, el cóndor de 134 metros, el pelícano de 285 metros, el mono de 101 metros, la araña de 47 metros y el perro de 52 metros. El pueblo Nasca tenía habilidades matemáticas avanzadas y fueron capaces de proporcionar efectivamente el espacio entre las líneas gigantes, las figuras y los símbolos geométricos. Los dibujos también indican técnicas avanzadas de topografía y conocimiento no solo de animales en otras regiones, sino también de las características físicas de la tierra y su atmósfera.

Para hacer las líneas colosales, estas personas antiguas tenían que tener habilidades matemáticas. En el lenguaje andino, que no debe ser muy diferente del idioma original de los Nasca, encontramos palabras como chikatay (número), suytu (rectángulo), takachkij (marcas), taksayachina (reducir), taptana (calculadora), tawanikin (11/4), anchuchij (restar), ankitupuy (radio) y otros términos matemáticos utilizados para determinar la forma, el tamaño y el espaciado de los glifos. Para garantizar que la mayoría de las líneas terminaran en dirección al templo de Cahuachi se requería un cálculo preciso del espacio entre cientos de líneas y el grupo de figuras gigantes. Desde el aire, los observadores pueden apreciar el esfuerzo y la habilidad involucrados en espaciar con precisión los elementos para que el ojo pueda moverse fácilmente de un glifo a otro.

El estudio de la superficie terrestre por parte del pueblo Nasca se extiende kilómetros y kilómetros a través del desierto. Las líneas atraviesan montañas de roca, montículos de arena y todo tipo de paisajes para conectarse con otras líneas y formar figuras majestuosas que parecen tan vivas como lo habrían hecho en su hábitat natural. El glifo humano está tallado en una gran roca que se asemeja a las tumbas excavadas en rocas en el antiguo Israel. El glifo del hombre parece emerger del marco de una puerta. El glifo cóndor está volando alto con las patas extendidas, así como sus alas. Las alas y patas del colibrí son más pequeñas que su pico, y las líneas del pico son rectas y bellamente armonizadas con la proporción de su cabeza. La organización general de los glifos complementa las muchas cadenas montañosas de rocas, formaciones de arena, algunas largas, otras cortas, otras bajas y otras altas, y áreas planas cubiertas de arena o rocas de lava. Los artistas consideraron todas estas características del desierto para asegurar una reproducción precisa en sus impresionantes diseños.

La geografía y el clima de la zona proporcionaron un lienzo óptimo para la creación de los glifos de Nasca. La tierra estaba desolada y cubierta por rocas de lava que contenían óxido ferroso que, con el tiempo, asumió una pátina verde oscuro. Cuando se retiraron las piedras, se descubrió una tierra clara. Las piedras se colocaron en el borde de las líneas para formar los diseños, y las líneas tienen aproximadamente 15 centímetros de profundidad. Dentro de las líneas, el suelo descubierto es generalmente de 25 a 30 centímetros de ancho (aunque hasta dos metros de ancho en algunos glifos).

La preservación de estas líneas se debe principalmente al clima extremadamente seco. Las precipitaciones en esta área duran aproximadamente veinte minutos por año. El área grande, pedregosa y plana minimiza el polvo o la arena que el viento pueda llevar para cubrir las líneas. Este lienzo de figuras gigantes es una de las maravillas más grandes y misteriosas hechas por el hombre en el mundo.

El pueblo Nasca del primer período creó estas hermosas líneas para honrar a su dios y ayudar a su gente. Usando glifos como forma de comunicación, se podría decir que crearon un sistema de mensajería gráfica. El estilo de sus gráficos impartió sus creencias y eventualmente se convirtió en un "álbum de recortes de cultura" permanente para ser disfrutado y apreciado por las generaciones posteriores. Las plantas y los animales seleccionados para la exposición de arte en el desierto son considerados miembros más cautivadores de los reinos de flora y fauna y fueron dibujados tal como aparecieron en su estado de vida.

Los dibujos muestran que la gente de esta antigua civilización eran grandes observadores del comportamiento animal. Cada figura simboliza una función especial como volar, comer, alcanzar, caminar o ladrar. Cada animal o planta fue creado lo suficientemente grande como para producir una emoción. Por ejemplo, la araña de 47 metros es casi tan grande como el perro 52 metros. Una araña gigante podría producir fácilmente una sensación de susto incluso en aquellos que no sufren de aracnofobia. ¿Los artistas pretendían que la araña representara el miedo? Otros aspectos de la vida cotidiana, como la familia, el crecimiento y el envejecimiento, también son evidentes en los glifos. Considere, por ejemplo, la inclusión de una ballena adulta (64 metros) y una ballena joven, que es más pequeña (61 metros) y más simple en diseño.

Según el arqueólogo Rubén García, los pueblos antiguos iban a las líneas para buscar iluminación, fertilidad, bendiciones en sus agriculturas o milagros y lo más importante, para conectarse con su dios y recibir instrucción personal. Trajeron ofrendas, que se colocaron fuera de las líneas. Eran lo suficientemente sabios como para temer a su dios y entendieron la necesidad de apartarse del mal. Estas personas antiguas hicieron las líneas para establecer un lugar para la renovación espiritual personal.

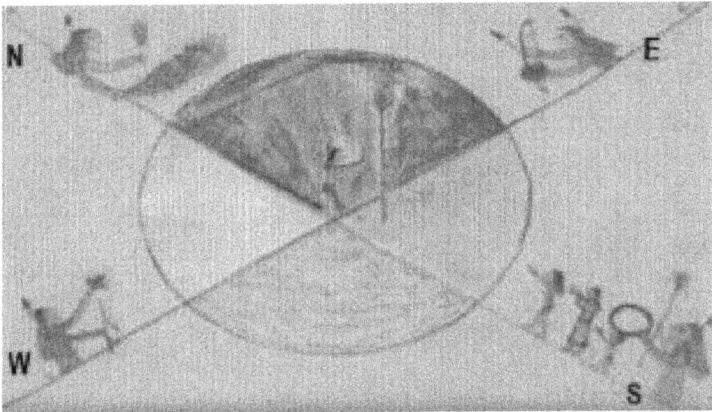

Los dibujos de Standing Bear son cortesía de la
Sociedad Histórica del Estado de Missouri

Este templo al aire libre tenía la misma dirección de puntos cardinales que otras naciones nativas americanas (norte, oeste, este, sur). Hoy en día, estos son conocidos como los cuatro puntos de la brújula. En la antigüedad, los andinos usaban los puntos cardinales para colocar la cuadrícula básica para sus ceremonias religiosas. Hoy en día, los usuarios del mapa asumen que el norte está en la parte superior de una línea vertical, pero hubo (y hay) excepciones. En las líneas de Nasca, norte aparece en la parte superior izquierda. La creencia compartida entre todas las naciones nativas americanas es que el cielo está en el norte. Actualmente, los pueblos andinos continúan utilizando las mismas direcciones en sus danzas ceremoniales y rituales.

Los nativos americanos asocian las siguientes cosas con los cuatro puntos cardinales: las cuatro estaciones, las direcciones de los cuatro vientos, los cuatro elementos y los cuatro grupos de razas humanas de los cuatro extremos del mundo. La gente de Alce Negro y otras tribus nativas americanas no estaban preocupadas por si las líneas que conectaban estos puntos formaban un círculo, cuadrado, diamante o rectángulo; por lo tanto, estos cuatro símbolos se utilizan para representar la Tierra y la cuadrícula espiritual básica.

El pueblo Nasca dejó evidencia de sus templos, progreso industrial, prácticas religiosas y forma de vida cotidiana. Cobo explica que los indios tenían una práctica religiosa mejor organizada y devota que otras culturas en el mundo antiguo (18). El pueblo andino tenía muchos lugares sagrados para ofrecer valiosos sacrificios. Según ellos, sus creencias religiosas actuales comenzaron con las personas que aparecieron después del diluvio (17). Los antepasados Nasca crearon estos lugares sagrados debido a su necesidad de adorar a su dios.

PARTE III:

COMPRENSIÓN DE LOS GEOGLÍFICOS MAYORES

Nota del autor

Hay muchas más afirmaciones arqueológicas en todo el mundo que las cuatro que proporciono en este libro. Nacido en España en 1580, el erudito jesuita Bernabé Cobo vivió casi toda su vida adulta en México y Perú. Refiriéndose a los andinos del primer período, de quienes surgió todo el conocimiento de la vida antes de la tierra, Cobo escribe: "De las opiniones que estos indios tenían con respecto al alma y la otra vida después de esta, la primera era saber sobre la inmortalidad del alma y que el hombre está compuesto de más de lo que se ve a simple vista. La otra cosa era que a las personas buenas se les daría una recompensa celestial y a las personas malas se les castigaría después de esta vida" (10).

Los antiguos andinos reconocieron la inmortalidad del alma, una entidad espiritual que existía antes de la tierra. Los primeros cuatro glifos ubicados en el lado norte de las Líneas de Nasca (arco iris, ballena, ave marina y estrella) están directamente conectados con lo que sucedió en el cielo antes de la creación. Las imágenes del ojo, manos, caimán, árbol y garza se refieren a acontecimientos en la tierra. Las figuras restantes se refieren a varias épocas o eventos.

El arco iris

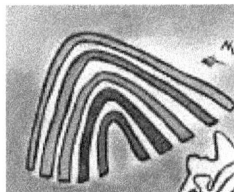
Las Líneas de Nasca

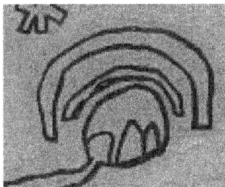
Lámina de oro

Toro Muerto

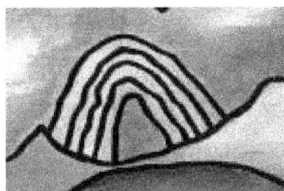
Konkan (India)

Arte de Nourlangie (Australia)

Cada una de las maravillas del mundo nombradas arriba incorpora un arco iris que representa el cielo. Los historiadores del mundo y los antiguos hombres espirituales andinos comparten la creencia de que el arco iris se consideraba el vínculo entre Dios y la humanidad. El arco iris es también el lugar donde vivían los espíritus antes de venir a la tierra para obtener un cuerpo físico y la morada de Dios en toda su gloria. Del cielo vino la luz, la energía y el calor, así como el origen de la creación de la tierra y la instrucción divina para sus habitantes. En las Líneas de Nasca, el glifo del arco iris se encuentra en la esquina norte del grupo principal de figuras.

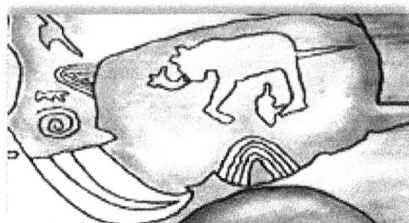

Estas culturas mencionadas colocaron el signo del arco iris en una posición similar. La imagen de Konkan (India), al costado, es solo una pequeña porción de un inmenso glifo de elefante, vemos en la pata del elefante un pequeño arco iris. Uno más grande se encuentra dibujado dentro de una forma rectangular. Este arco iris representa muchas cosas: el cielo, los momentos de iluminación espiritual y el tiempo: eras, dispensaciones, períodos o ascensos. El arco iris más grande también puede simbolizar la enormidad del cielo o la gran cantidad de espíritus que allí se encuentran.

Lámina de oro: El arco iris

A principios de 1600, Don Juan de Santa Cruz Pachacuti Yamqui, un noble descendiente de los Incas, a menudo visitaba Coricancha (el templo de oro) en Cusco. Pachacuti entendió los muchos símbolos dibujados en grandes láminas de oro que cubrían las paredes del templo y más tarde dibujó su propio boceto que mostraba sus posiciones relativas. Mientras que algunos historiadores consideran que el dibujo es un calendario solar, Pachacuti simplemente estaba recreando los puntos religiosos de sus antiguos antepasados, incluido el arco iris, que los incas creían que era un lugar celestial donde moraba el Dios Sol. El trabajo de Pachacuti ahora se exhibe en la Iglesia de Santo Domingo construida sobre las ruinas del templo dorado, Coricancha.

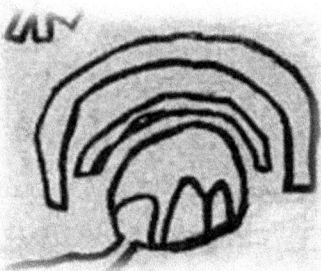

El Inca Garcilaso de la Vega, un cronista peruano a finales de 1500, compartió cómo los incas crearon una habitación de oro especialmente para el arco iris, que llamaron *cuichu,* en el cuarto salón del Templo Dorado. Cuando visitaron esta habitación sagrada, cerraron la boca y colocaron sus manos delante de ellos, porque dijeron que el brillo del arco iris desgastaría sus dientes y los descompondría (183). Estas primeras personas creían que habían vivido en el cielo donde la luz es más brillante que el sol. El Inca Garcilaso escribió que esto era una tontería, sin embargo, ahora sabemos que la fiebre alta (calor) puede decolorar los dientes.

Teniendo en cuenta la opinión de los andinos con respecto al alma antes de esta vida y nuevamente en la otra vida, Cobo escribe que, según las creencias andinas, los humanos estaban compuestos de un alma o espíritu inmortal interno e invisible dentro de un cuerpo visible de carne y huesos. El espíritu inmortal, que podría parecer una llama de fuego, descendió del cielo para unirse con el cuerpo. (Los antiguos andinos creían que el firmamento era el hogar de todos los espíritus llameantes). Después de la muerte, a los espíritus se les daba un lugar de recompensa o castigo (19).

Los andinos también creían que el cielo era el hogar de Dios y de todos sus hijos espirituales. Las láminas de oro en Coricancha representaban tanto la morada como la gloria de su dios. Esa misma gloria y energía también se ven en la luz o el brillo del sol que calienta a los seres terrenales y permite que las plantas proporcionen alimento y oxígeno para esos seres. Al hablar de los hijos espirituales de Dios, Garcilaso escribe que los andinos creían que descendían de Dios, del cielo o del sol (42). En otras palabras, creían que tenían origen divino.

Toro Muerto: El arco iris

Ubicados al sur de Nasca en el desierto del valle del río Majes, los 5000 petroglifos de Toro Muerto datan cientos de años atrás de la era de las líneas de Nasca.

Este camélido tiene una cola en forma de arco iris. Está tallado en una roca mucho más pequeña que las del desierto de Nasca o en el peñasco de Konkan, India, pero estos historiadores artísticos aún pudieron tallar la creencia que tenían en común con estas otras culturas: el hogar de Dios está en el cielo.

Cobo afirma que el arco iris era considerado un mal y un buen augurio y que la gente respetaba el arco iris porque pensaban que morirían si lo miraban o lo señalaban con el dedo (175). Consideraban que el arco iris representaba la casa de Dios o la gloria sagrada de Dios en el cielo, y para ir allí cuando morían, tenían que ser buenos.

Estas personas antiguas estaban muy preocupadas por la vida después de la muerte. Tanto Pachacuti como Garcilaso se tomaron el tiempo para registrar lo que vieron y escucharon para transmitir a las generaciones futuras lo que sus antepasados creían sobre la inmortalidad. Garcilaso describió el trabajo de los historiadores españoles como deficiente y superfluo porque no pidieron información sobre diferentes períodos y edades y porque malinterpretaron los relatos de los indios (51). Garcilaso también explica que su propósito al escribir su libro es revelar cosas que los historiadores españoles dejaron inacabadas porque no tenían idea de su historia completa debido a la dificultad del idioma (51). Pachacuti creó los dibujos de la Lámina de Oro para revelar un relato completo de la religión Inca y de sus antepasados. Garcilaso preservó la historia y la cultura andina en sus escritos. Ambos hombres fueron criados en una cultura que enseñaba que los espíritus de los animales, las plantas, la tierra y las personas estaban conectadas a un poder superior en el cielo.

Garcilaso era optimista de que las generaciones futuras aprenderían más sobre los antiguos pueblos del primer período: "Espero que en Su omnipotencia Él revele en Su tiempo estos secretos (como reveló el Nuevo Mundo) para mayor confusión y consternación de aquellos espíritus audaces que desean con sus filosofías naturales y entendimiento humano confinar el poder y la sabiduría de Dios" (11).

Uno podría describir el arte de Pachacuti y la visión de Garcilaso como logros inesperados y no buscados por la gente. Pero tal vez estos detractores solo necesitan encontrar algunas piezas faltantes del rompecabezas para comprender el pensamiento de ambos hombres. Garcilaso creía que la obra de Dios tenía un propósito que la humanidad no entendía, y ese es un pensamiento frustrante. Pero Garcilaso también creía que las personas no pueden limitar las acciones de Dios, ya que su sabiduría es infinita, y por esta razón sabía, Él asignaría el momento adecuado para revelar los secretos del Nuevo Mundo y continuará revelando secretos a medida que la humanidad esté preparada para entenderlos (11).

En numerosas prácticas religiosas, el arco iris significa una conexión entre Dios y la humanidad. El judaísmo enseña que el arco iris es un símbolo de la ira divina (seguida del perdón) cuando los hijos de Dios lo olvidan. En el islam, la presencia de un arco iris en un sueño significa paz y prosperidad. Los musulmanes creen que los buenos sueños son la recompensa del buen vivir. Los musulmanes también ven el arco iris como un símbolo del matrimonio, que es un pacto, o unión, entre un hombre y una mujer. Los budistas ven el arco iris como un puente entre el cielo y la tierra. El amarillo, el color superior y quinto en el arco iris de las Líneas de Nasca, parece representar el brillo y la gloria de Dios, el estado más elevado de meditación antes de que la materia se transforme en luz pura.

Similar a la interpretación judía, los cristianos creen que el arco iris simboliza el pacto que Dios hizo con su pueblo después de inundar toda la tierra. Comunicándose con todos sus hijos a través de Noé, Dios proclamó: "He puesto mi arco iris en las nubes, y será la señal del pacto entre yo y la tierra", (Génesis 9:13, NVI).

Los primeros estudios del espacio muestran que hace miles de años, un calor intenso (tal vez un cometa) salió volando de los cielos y explotó al impactar con la superficie de la Tierra. Los científicos modernos afirman que este agujero negro causó un cambio en la Tierra y están buscando más respuestas. La explosión destruyó animales tan grandes como mamuts, y el impacto produjo una quema a gran escala que comenzó en Siria y finalmente dejó una capa de "líneas negras" rica en carbono y platino con millones de nano-diamantes en ella. Este tipo de calor intenso no puede ser explicado por la ciencia moderna. Muchas historias de los Aztecas, Mayas, Andes, China y otras culturas mencionan el fuego que descendió del cielo.

En el antiguo registro judío, uno lee sobre los poderes del cielo. Hubo truenos y relámpagos, espesas nubes sobre la montaña y un fuerte sonido de trompeta; el humo se elevaba de ella como el humo de un horno, toda la montaña temblaba violentamente, y el Señor descendió sobre la montaña en fuego y llamó a Moisés a la cima de la montaña (Éxodo 19:16–20, NVI). Los andinos escogieron al sol para representar a su dios porque el sol tiene más luz y energía que la luna y las estrellas. Este es el fuego que cambió la tierra.

En la religión andina, la gente llamaba a su dios Sol. Los indios usan el sol como un símbolo para representar los poderes de quien habita en el cielo (Garcilaso, 42). Según sus historias, los cuerpos celestes que emanaban una fuerte energía o fuego descendieron para crear el mundo, y el origen de la gente era el cielo.

El arco iris de Alce Negro

En tiempos más recientes, el líder espiritual nativo americano Alce Negro (1863-1950) tuvo una visión en la que el arco iris era el hogar tanto de grandes espíritus del pasado como de espíritus que aún no habían nacido. Un tema común entre todas las naciones de América, así como otras civilizaciones antiguas, es la atención muy cercana que prestaron a las fuerzas naturales que vienen del cielo.

Cuando Alce Negro tenía nueve años, él y sus amigos montaron sus caballos hasta el río. Volviendo a casa se sintió enfermo, y cuando desmontó, sus piernas estaban tan hinchadas que no podían sostener su cuerpo. Sus padres preocupados inmediatamente convocaron al curandero de la tribu para curarlo.

Mientras Alce Negro yacía dentro del tipi, recibió una visión y vio un arco iris en llamas en el cielo que representaba el hogar de los seres celestiales, específicamente los Seis Abuelos.

Los dibujos de Standing Bear son cortesía de la Sociedad Histórica del Estado de Missouri.

Debajo del arco iris había pájaros en el aire y debajo de los pájaros había animales y hombres. Cuando Alce Negro atravesó la puerta del arco iris, escuchó voces entusiastas: los Seis Abuelos sentados en fila dándole la bienvenida y espíritus que aún no habían recibido un cuerpo.

Alce Negro describió el cielo y sus fuerzas naturales. Vio el espacio donde el arco iris, con sus colores llameantes, brillaba en el cielo. También vio elementos naturales como nubes, relámpagos y tormentas, con pájaros volando sobre el arco iris (Neihardt, 27).

La ilustración de Standing Bear se basa en la descripción que recibió de Alce Negro del arco iris con cinco colores. En la década de 1930, Alce Negro compartió su visión con John Neihardt, quien más tarde escribió el libro *Alce Negro Habla.* Las pequeñas flemas sobre el arco iris son verdes, índigo, rojo, azul y amarillo, siendo la última el color más brillante. Del mismo modo, el arco iris en las líneas de Nasca tiene cinco líneas de color con amarillo en la parte superior. El amarillo es el color más comúnmente utilizado para ilustrar el fuego, las llamas, el sol y los pilares de luz. El amarillo también puede representar la gloria espiritual.

Alce Negro recibió instrucciones para ayudar a su pueblo. Su tribu se había desviado del camino sagrado y se había dedicado a beber y robar a otras tribus. Las guerras entre naciones nativas llevaron a una reducción de la población. Para cuando los colonos blancos comenzaron a invadir sus tierras, los sioux no habían seguido las enseñanzas de sus antepasados durante muchos siglos. Alce Negro entendió que su gente viajaba por el camino equivocado, pero que esperaban ser llevados de vuelta al camino sagrado [rojo]: muchos lloraban por la vieja forma de vida y su antigua religión. Alce Negro también quería que su pueblo volviera al aro u obedeciera al Gran Espíritu que, como un aro, no tiene principio ni fin (150-151).

Un tema que no se perdió fue la narración de los Lakotas sobre el cielo, la creación y el Gran Espíritu. Alce Negro dijo que vio todas las cosas en el espíritu y cómo todas deben vivir juntas como un solo ser. También dijo que entendía más de lo que veía (26). Vio el viaje de la humanidad desde el principio, así como de los niños que aún estaban por nacer (27). Vio espíritus que ya habían muerto y estaban separados de los niños que aún no habían vivido; también vio al hombre engañador [el diablo] que quería convertirse en dios demasiado pronto y al hombre rojo [Jesús] que luchó contra el espíritu maligno que estaba secando la tierra, haciendo a la raza humana miserable. A los nueve años, el niño vio todas estas cosas y tenía miedo de compartirlas con su gente.

Alce Negro entendió el amor del hombre rojo (Waneika o Jesús) quien conquistó y destruyó el mal y entendió que los seres tenían que ser uno con el Gran Espíritu para que el mundo se convirtiera en un lugar mejor. Pero, ¿cómo podría convencer a su gente de la importancia del hombre rojo? Describió a Waneika no como un hombre blanco ni como un indio. Tenía el pelo largo y una pluma de águila en el lado izquierdo de la cabeza. Estaba pintado de rojo y era un hombre guapo. Alce Negro vio el cuerpo de Waneika brillar con colores de luz, y Waneika le pidió que enseñara a su pueblo que todos los seres vivos le pertenecen (153).

Aquellos que han leído sobre Alce Negro podrían asumir que recibió su visión demasiado joven, lo que hace que su autenticidad sea cuestionable. Personalmente, creo que es su edad la que da credibilidad a los sentimientos inadecuados que confiesa. Dijo que cuando el curandero lo estaba mirando, temía que el hombre sanador viera su visión y la describiera mal, y la gente pensara que estaba loco (31). Alce Negro entendió la veracidad de su visión; por lo tanto, también sabía que las enseñanzas de sus líderes espirituales estaban incompletas. Se sintió diferente después de su visión, y temía que la gente no aceptara sus palabras. Se encontró evitando grupos y se convirtió en un joven solitario que experimentó angustia espiritual y mucha tristeza.

Desafortunadamente, Alce Negro no pudo cumplir con el llamado del Gran Espíritu en su juventud. Los seis abuelos le dijeron que tuviera valor y que recibiría poder del cielo porque su nación pasaría por tiempos difíciles (19). Pasaron muchos años antes de que entendiera completamente esta visión. Vio a su gente morir de disparos, hambre y frío. Sufrieron traición no solo por parte del gobierno de los Estados Unidos que ignoró sus promesas, sino también por parte de sus propios líderes tribales que hicieron acuerdos con los soldados para beneficio personal y daño para su propio pueblo. Bajo estas circunstancias, Alce Negro finalmente comenzó a compartir su visión con su gente, ofreciendo esperanza y coraje mientras se veían obligados a vivir en reservas.

Antigua diosa china del cielo

Las culturas antiguas de todo el mundo creían que los atributos del cielo representaban un lugar donde vivían los dioses. Según un cuento popular chino, hace mucho tiempo, los cuatro pilares que sostenían el cielo se derrumbaron repentinamente, dejando un enorme agujero en los cielos y una gran grieta en la tierra. La diosa Nuwa se compadeció de los humanos que había hecho e intentó reparar el cielo. Recogiendo cinco piedras del lecho del río: roja, blanco, azul, índigo/negro y amarilla, las derritió para volver a pintar el cielo. Desde entonces, dice la leyenda, el cielo ha mostrado estos colores en el arco iris. La historia de Nuwa y la visión de Alce Negro comparten símbolos, como las llamas y el arco iris de cinco colores, que ayudan a contar las historias del cielo y la tierra.

El cielo también fue percibido como una mujer o ama de casa por las naciones nativas americanas del sur. Esto es evidente en los registros enviados a Garcilaso de otras regiones en el Perú.

Estos registros, quipus, fueron hechos de "nudos y cuerdas", (Garcilaso, 50). La mayoría de los quipus se usaban para calcular, pero algunos grabaron obras literarias, incluido el encantador poema inca "Sumac Ñusta" que honra a la doncella del cielo y su relación con el Creador. Las traducciones al quechua y al latín (ver más abajo) fueron hechas por el sacerdote Blas Valera.

Valera tradujo ciertos quipus para mostrar cómo la gente del primer período entendía que todos los fenómenos como la lluvia, el granizo, el trueno, los relámpagos y el arco iris se derivaban del Dios verdadero (Pachacamac) que, como creador, delegó estas fuerzas y fenómenos naturales al cielo, su hogar (Garcilaso, 128).

Sumac ñusta	Pulchra Nimpha
Torallaiquim	Frater tuus
Puiñuyquita	Urnam tuam
Paquir cayan	Nunc infringer
Hina mantana	Cuius ictus
Cunuñunun	Tonat fulger
Illapantac	Fulminatque
Camri ñusta	Sed tu nympha
Unuiquita	Tuam limpham
Para munqui	Fundens pluis
Mai ñimpiri	Interdunque
Chichi munqui	Grandinem, seu
Riti munqui	Nivem mittis
Pacharurac	Mundi factor
Pachacamac	Pachacamac
Viracocha	Viracocha
Cai hinapac	Ad hoc munus
Churasunqui	Te sufficit
Camasunqui	Ac praefecit

Sumac Ñusta

Hermosa doncella, aquese tu hermano, el tu cantarillo, lo está quebrando, y de aquella causa truena y relampaguea, También caen rayos

Tú, real doncella, tus muy lindas aguas, nos darás lloviendo; También a las veces Granizar nos has, Nevaras así mismo El Hacedor del mundo, El Dios que le anima, El gran Viracocha, Para aqueste oficio Ya te colocaron Y te dieron alma.

Otras culturas y el arco iris

El Alce Negro en América del Norte, el pueblo de China y el pueblo antiguo de Nasca recibieron el mismo mensaje inspirador sobre los poderes del cielo. Un símbolo de esos poderes es el arco iris, que incluye cinco colores. Según Garcilaso, su representación en la cuarta sala del templo Coricancha era muy colorida. Parece entonces que las similitudes significativas entre estas culturas incluyen el simbolismo del arco iris que representa el cielo.

La actual nación Kogi en Colombia y la nación Q'ero en Perú también enseñan una historia de creación a su pueblo. Los antepasados de ambos grupos abandonaron las tierras bajas cuando llegaron los españoles, trasladándose a las tierras altas para preservar sus conocimientos y tradiciones. Varios documentos de ambos grupos indican que compartían la misma comprensión de la creación. Al principio, todo estaba oscuro. Entonces las estrellas fueron creadas por el Gran Espíritu. Más tarde, las aguas se separaron y aparecieron plantas en la tierra. Las plantas, los animales y la humanidad necesitaban el sol para prosperar en Mama tierra.

Las similitudes con el relato bíblico de la creación son sorprendentes. Estos grupos nunca escucharon mensajes cristianos de predicadores españoles. Continuaron viviendo en los lugares más altos hasta principios del 2000, cuando comenzaron a aventurarse y compartir sus conocimientos con las personas de abajo.

Resumen

En Australia, el gran mural en el acantilado de Nourlangie representa un arco iris sobre el hombre del rayo. El glifo de Toro Muerto presenta un arco iris formado por la cola de un grande camélido y el arco iris en la Lámina de Oro. Los artistas en todas las culturas, desde China hasta América del Norte, usaban el arco iris para referirse a un hogar celestial. La consistencia del arco iris como símbolo esencial en estas maravillas del mundo trasciende el tiempo.

El pueblo Nasca talló el arco iris en el desierto como un recordatorio de dónde vinieron, su hogar celestial. Usaron sus puntos de doctrina para vivir una vida significativa y para lograr prosperidad y paz. Otras civilizaciones también compartieron lo que había sucedido en el cielo. Estos son puntos en común muy fuertes que la gente abrazó a lo largo de los siglos y no pueden ser refutados.

La ballena

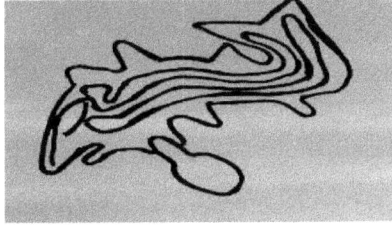

La ballena representa al ser más poderoso en el cielo y, por lo tanto, se colocó al norte (que, en muchos idiomas de Mesoamérica, también significa "arriba" o "encima"). La ballena azul es el mamífero más grande y fue utilizada como símbolo para representar a Dios como el ser más grande, perfecto y poderoso en el cielo.

El autor mestizo Garcilaso fue un soldado y un respetado cronista de la historia peruana. Escribió sobre geografía, comida, medicina, biología, y culturas andinas. Aunque no era personalmente una persona religiosa, explicó las creencias de los antepasados incluyendo los Nasca que vivían en la costa del Perú. "Adoraban a la ballena por su grandeza porque decían que fue el primer pescado en el mundo alto (cielo) del cuan procedían todos los demás pescados", (32). Los antiguos creían que la ballena o Pachacamac era el primer ser en el cielo, y de él, todos los demas espíritus fueron creados. También señala: "Porque decían que se había de tratar al animal bravo o manso de manera que fuese provechoso", (327). Usaron los animales como símbolos de su religión.

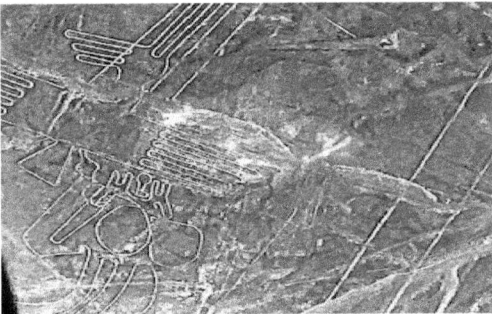

Garcilaso explica los atributos que los indios le dieron a su dios. El nombre Pachacamac era sagrado y usaron el sol para representarlo y llamarlo. Pachacamac creó el universo y lo sostuvo. Nunca lo habían visto, pero lo adoraban en sus corazones (70).

Pachacamac temple

Cobo afirma que Pachacamac tenía su propio templo. El templo era antiguo, y los incas no lo construyeron. La gente del primer período llamaba a Dios, Pachacamac, que significa "hacedor del mundo", (88). El pueblo Nasca creía que Pachacamac creó tanto a la Madre Tierra (Pachamama) como a la Madre Mar (mama cocha).

En muchos casos, Garcilaso menciona que esta antigua civilización en realidad no adoraba al sol o a la ballena y explica: "Debo señalar, para evitar muchas repeticiones de las palabras 'nuestro padre el Sol", que la frase fue utilizada por los incas para expresar respeto cada vez que mencionaban el sol, porque se jactaban de descender de él, y a nadie, excepto a los incas, se les permitió pronunciar las palabras: habría sido una blasfemia y el orador habría sido apedreado", (42). Del mismo modo, en los petroglifos de Toro Muerto, la gente del Valle de Majes talló un camélido para representar a Dios en el primer período.

Los pueblos andinos tenían muchos nombres para su dios. Garcilaso escribe que los historiadores españoles odiaban el nombre Pachacamac porque no entendían que significaba Dios. Rectifica el significado de Pachaya Chacher como maestro del mundo (72). Algunos nombres populares para Dios son Primera Cosa sin Principio, Creador Supremo e Illa Tecce, que significa luz eterna. El antiguo registro judío dice: "No profanes mi santo nombre, porque los israelitas deben reconocerme como santo", (Levítico 22:32, NVI). Por lo tanto, las personas del primer período eligieron símbolos para representar a su dios con el fin de no blasfemar.

Esta antigua civilización tenía reglas estrictas de fe y gran veneración hacia su dios y entendía su origen. En cuanto a la idea de que creían que eran descendientes del sol (Garcilaso, 42), por lo que los clérigos españoles los acusaron de idolatría, debe tenerse en cuenta que los andinos y el pueblo Nasca del primer período tenían conocimiento de las constelaciones y sus propiedades, y no había razón para que afirmaran que descendían directamente de una esfera brillante de gas caliente. También debe mencionarse aquí que los españoles malinterpretaron tanto el idioma del pueblo como su creencia en un dios vivo y poderoso.

Las ceremonias de las ofrendas eran sagradas y eran una de las leyes estrictas que la gente del primer período obedecía. Los pueblos antiguos se tomaban su tiempo para criar, reunir y seleccionar animales sin mancha. Siguieron pasos estrictos y lo hicieron con reverencia para mostrar a su dios que lo recordaban. Al igual que los antiguos hebreos, los andinos colocaron al animal mirando hacia el norte antes de que un sacerdote levantara su hombro derecho para matarlo y rociar sangre para expiar los pecados de la gente. Cobo afirma que los indios usaban un contenedor hecho de rama verde para rociar la sangre del cordero (48). Garcilaso informa que los indios no solo usaban ovejas y corderos para sus ofrendas, sino también coca, maíz y todo lo que tenían para complacer a su dios (34).

Imagen artística de la ballena

En comparación con el arco iris, el glifo de la ballena tiene más detalles. Está construido de muchas líneas y formas. Las líneas onduladas dentro de la ballena sugieren energía y dirección que hacen que la figura aparezca en constante movimiento. Esta imagen tiene aproximadamente 70 metros de largo, con una profundidad de línea de al menos quince cm. También es interesante que la cola de la ballena esté curvada a propósito porque, en el primer período, la gente quería que la ballena pareciera que estaba saliendo completamente del agua o del cielo. La boca abierta sugiere que está hablando porque los peruanos creían que Dios escuchaba sus oraciones, se comunicaba con ellos y aceptaba sus ofrendas.

El pueblo Nasca creía en un poder superior que vivía en el cielo. Garcilaso notó cómo los incas reconocieron haber recibido ayuda del cielo. Se les ordenó enseñar acerca del dios en el cielo, adorarlo y obedecer sus leyes y preceptos para vivir como seres racionales (42). La ballena está mirando hacia abajo, una acción dinámica que simboliza una deidad que vigila y cuida a sus hijos. Según el pueblo antiguo, Dios envió mensajes desde el cielo para guiar a su pueblo. El arqueólogo peruano, Rubén García afirma que el cucharón debajo de la barbilla de la ballena representa el diluvio que cubrió la tierra.

Ballena en el petroglifo de la India

En el petroglifo de Konkan que se muestra abajo, la cabeza de la ballena se encuentra en el lado norte (izquierda), debajo (pero no lejos de) el arco iris. El espacio entre estas dos imágenes es similar a los dibujos de las líneas de Nasca; este petroglifo, sin embargo, incluye una tercera imagen entre los dos: un hipopótamo gigante mordiendo a un ser.

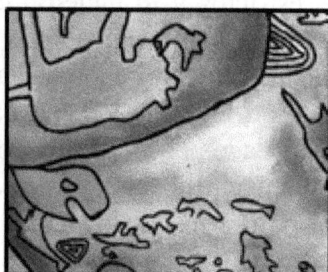

La ballena y el arco iris

Diluvio universal

En el primer dibujo de Konkan, la ballena está boca abajo con la boca abierta. Debajo de la boca, las gotas de lluvia que caen hacen ondas, anillos y círculos en un gran charco de agua. Esta es la única imagen que realmente representa una inundación, y la forma de la línea alrededor del agua indica un aumento continuo del flujo. El pájaro debajo de la boca de la ballena representa un mensajero enviado para advertir a la gente de un desastre inminente si no se arrepentían.

Las imágenes en el segundo dibujo de Konkan incluyen un cadáver flotando boca arriba, junto con otros animales que representan a los muertos en el diluvio universal. Hace más de 4.000 años, la gente en la India sabía sobre la inundación mundial, y ellos, como el pueblo Nasca, también representaron a Dios a través de una ballena.

Antes del gran diluvio o la gran destrucción, estaba la gran creación. Los científicos no pueden explicar la brecha entre 13,000 a.C. y 6,800 a.C., cuando los cazadores recolectores comenzaron a caminar sobre la tierra. Según el registro hebreo, un día para Dios son 1.000 años para la humanidad (2 Pedro 3:8; Salmos 90:4 NIV). La creación tomo seis días que para la gente sería 6.000 años.

Pintura rupestre de Nourlangie, Australia

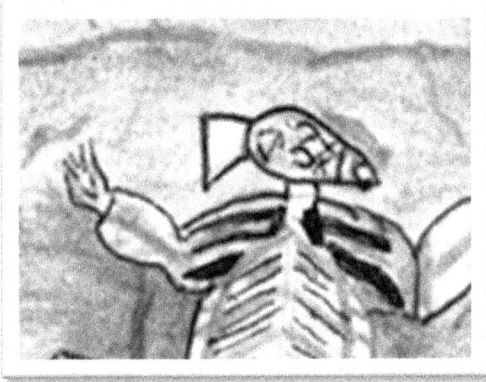

En la pintura mural australiana, el Gran Hombre con cabeza de pez representa al dios de los aborígenes. Un cierto grupo llamados soñadores pintaron este mural de un hombre grande llamado Namarndjolg, el Creador del mundo. Esta figura con la gran cabeza de pez está por encima de todas las cosas: un hombre muy grande y poderoso, un señor de todos los señores. Esta es la única imagen que tiene una cabeza de pez. ¿Por qué los soñadores dibujarían a su dios con una gran cabeza de pez? ¿Alguien tuvo un sueño sobre el signo de la ballena que se daría más tarde?

El símbolo de la ballena también hace referencia a la historia judía de Jonás. Dios le pidió a Jonás que fuera su mensajero, pero Jonás se negó a predicar el arrepentimiento al pueblo de Nínive y trató de escapar en un bote. Una tormenta feroz amenazó la vida de todos en el mar, y cuando los otros pasajeros descubrieron que Dios no estaba complacido con Jonás, lo arrojaron a las aguas amenazantes. Jonás escapó de ahogarse cuando fue tragado por una gran ballena, donde permaneció durante tres días. Muchos siglos después, el Judío Jesús enseñó que el interior de la ballena representa el inframundo en el que él (Cristo) estaría hasta su resurrección. Al igual que la ballena expulsó a Jonás, Jesús, por el poder de Dios, se levantó de la tumba o resucitó al tercer día (Jonás 1; Lucas 11:29). El propósito del mural es mostrar a un dios con poder para proteger vidas y dar vida.

Otros símbolos antiguos de Dios

Ubicado en la zona superior derecha del Toro Muerto, el petroglifo camélido (llama) tiene una cola formada como un arco iris. Esta posición en la sección superior es deliberada, simbolizando a Dios que vela por el universo desde el cielo. El cuerpo de este animal contiene más líneas que cualquiera de las otras figuras, y las decoraciones en el cuello significan su alto estatus. La cabeza está

erguida, lo que indica atención y disposición para usar su poder sobre todas las cosas. El ojo en forma de espiral sugiere la capacidad de ver y conocer todas las cosas de manera eterna. Una forma de ojo similar se encuentra en el petroglifo de Konkan.

En el complejo de Toro Muerto, hay una cueva que tiene antiguos símbolos mesopotámicos en la parte superior de la entrada. Estos son casi iguales a los antiguos símbolos egipcios en la entrada de la pirámide de Giza en Egipto.

Ambos símbolos son similares en la información. Se refieren a una comunicación con el cielo cuando la gente fue guiada para cruzar tres ríos y fue conducida a una tierra prometida. Existen varios antiguos registros que mencionan a grupos de personas que vinieron a América de la gran torre de Babel; también se encuentra en Éter 1:33

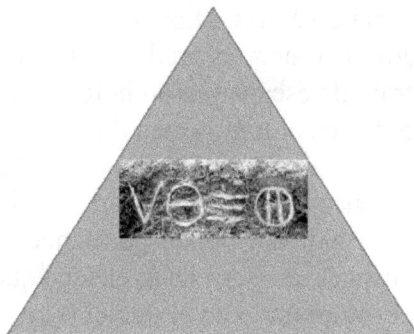

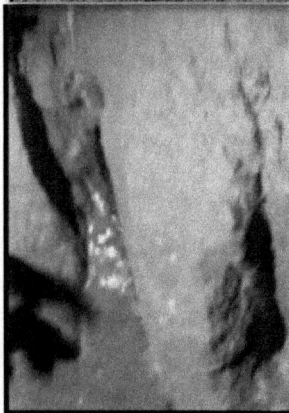

(Libro de Mormón). Al final de la cueva se observan dos figuras, una torre o forma triangular y la cara de un elefante.

Cerca de la cueva en Toro Muerto, hay un petroglifo de la mitad de un rostro humano (página continua). Las líneas apuntan al ojo, la nariz, la boca y la barba. Esta gran roca muestra una torre triangular en el medio y otro perfil humano.

| ojo |
| nariz |
| boca |
| barba |

Este petroglifo tiene el rostro de Dios y solo se muestra el ojo derecho como en el camélido arriba visto. En el centro de la roca, se puede ver un triángulo con líneas de zigzag o torre similar a la tallada dentro de la cueva. Esta torre triangular representa la torre de Babel ya que hay escritos antiguos de ellos que se mostrarán después. El perfil del hombre en la parte derecha de la roca puede representar a un profeta que vio la cara de Dios y fue guiado por Él a América.

Lámina de oro

Pachacuti Yamqui dibujó este sol en la parte superior izquierda de la lámina de oro. Garcilaso explica que la gente veneraba a Pachacamac, o el Sol, lo que significa que ambos son uno y el mismo (70, 327). Los indios tenían una oración especial cuando escalaron una gran montaña y ofrecieron una ofrenda de su gratitud a su dios por ayudarlos a llegar a la cima colocando una roca arriba de una pila de rocas llamada apacheta (78). Por lo general, comenzaban su oración con "Nuestro Padre Sol".

Los andinos creían que la naturaleza de Dios era la de un padre benevolente. Garcilaso describe a su dios como lleno de luz y uno que comparte su brillo para que la gente pueda estar abrigada. Su poder cubría a la raza humana, a los animales vivos, a sus pastos y cultivos que crecían. Él satisfizo las necesidades de la gente como sustentador y benefactor de la humanidad (42). A los españoles les resultaba difícil aceptar el hecho de que los andinos creían en un poder divino y supremo tal como ellos lo hacían.

Historias del diluvio

El agua es la herramienta destructiva de Dios: cubrió la tierra y murieron animales, plantas y personas. Los historiadores españoles encontraron intrigante que los pueblos andinos supieran sobre el diluvio antes de la llegada de la Biblia. Cobo escribe que los antepasados de los indios enseñaron que se originaron de Dios, y debido a que Dios los creó, pueden vivir de nuevo después de la muerte. Su comprensión de que dependían de Dios para su preservación, incluso después de la muerte, hizo que lo adoraran con gran veneración. Tenían conocimiento del diluvio universal que vino después de la creación y cómo solo unos pocos se salvaron para repoblar el mundo (11). Como se mencionó anteriormente, el pueblo Nasca diseñó la ballena con el cucharón debajo de su barbilla para demostrar que sabían sobre el diluvio, a través de la revelación, un registro antiguo o evidencia arqueológica de este evento.

Caral, la civilización más antigua de América

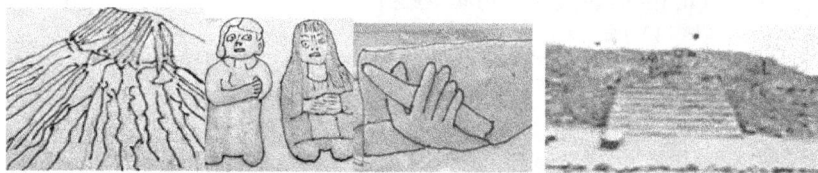

Hay un registro antiguo. En la parte norte de Perú, una civilización creó una ciudad de pirámides más de 5,000 años atrás que con el tiempo fueron cubiertas de arena. En 1994, la arqueóloga Ruth Shady Solís hizo el trabajo monumental de quitar cuidadosamente la arena. La ciudad tenía anfiteatros hundidos, edificios sísmicamente resistentes y conductos subterráneos que canalizaban el viento para mantener sus fuegos encendidos. Esta ciudad fue construida de manera similar a las pirámides de Egipto y Mesopotamia. La religión de Caral era la actividad principal. No se encontró vestigios de actividad de guerra en ella. Entre sus obras de arte talladas hay una espiral, una serpiente, una mano con una herramienta, cerámicas de personas y monos. Se encontró el quipu más antiguo de 5.000 años, un antiguo registro que probablemente cuenta la historia de la inundación, ya que está muy cerca de ese evento.

Garcilaso se enteró del diluvio de su madre inca. Declara que los indios sabían del gran diluvio. Algunos eruditos españoles estaban confundidos si Noé y su familia eran parte de otra alegoría sobre cómo Cusco fue fundado por cuatro hermanos. Pero la gente fue clara cuando dijeron que la tierra fue repoblada nuevamente por un hombre santo y sus tres hijos casados (48). Los españoles se asombraron al saber que los indios, así como los mayas, sabían sobre el gran diluvio antes de la llegada de la Biblia con la conquista.

Hay un estudio científico sobre el diluvio. Charles Lyell, autor de Principios de Geología, apoya el concepto de uniformismo, que muestra cómo la inundación causó capas fósiles en todo el mundo. Otros científicos, sin embargo, tienden a descartar la noción. Esta línea mundial sólo podría ser formada por un diluvio universal.

Hoy en día, abundan los registros y las historias de la inundación. En los registros judíos antiguos y textos similares, el diluvio se menciona muchas veces.

Alrededor de 2400 a.C.: Génesis 7:7, 10, 17. "Y Noé entró, y sus hijos, y su mujer, y las esposas de sus hijos con él, en el arca, a causa de las aguas del diluvio. . . Y aconteció después de siete días, las aguas del diluvio estaban sobre la tierra. . . Y el diluvio fue cuarenta días sobre la tierra; y las aguas aumentaron, y empujaron el arca, y se levantó sobre la tierra".

700 a.C.: Isaías 28:2, RVR. "He aquí, Jehová tiene uno que es fuerte y poderoso; como turbión de granizo y como torbellino transformador, como ímpetu de recias aguas que inundan, con fuerza derriba a tierra".

30 d.C.: Mateo 24:38–39, RVR. "Porque como en los días que estaban antes del diluvio, estaban comiendo y bebiendo, casándose y dando en casamiento, hasta el día en que Noé entró en el arca. . . y no entendieron hasta que vino el diluvio, y se los llevó a todos; así será también la venida del Hijo del Hombre".

Tan antiguos como son estos relatos bíblicos, hay textos aún más antiguos en otras partes del mundo que mencionan el diluvio.

3002 a.C.: Esta es la fecha tradicional de la inundación en la India. Los textos de la mitología hindú como el Satapatha Brahmana y el Purana contienen este relato. "Pralaya advierte a Manu Vaivasuata, hijo de Vivasuat, el dios del Sol. Al igual que Noé, Manu es un hombre virtuoso que vivió como un santo y por penitencias y oraciones se había ganado el favor del señor del cielo. Manu tuvo tres hijos antes del diluvio: Charma, Sharma y Yapeti.

Manu iba a menudo a las montañas a meditar, y Brahma apareció ante él. 'Estoy complacido con tus oraciones', dijo Brahma. 'Pide una bendición [favor]'. 'Sólo tengo una bendición que pedir', respondió Manu. 'Tarde o temprano habrá una destrucción (pralaya) y el mundo ya no existirá. Por favor, concédeme la bendición de que seré yo quien salvará al mundo después del tiempo de la destrucción'. Brahma concedió fácilmente esta bendición" (Satapatha Brahmana Texto de India, vol. 1).

3000 a.C.: Los relatos de un gran diluvio se ven en tablas sumerias en la antigua Mesopotamia.

2300 a.C.: La gran inundación de Gun-Yu ocurre en la mitología china.

300 a.C.: La inundación de Deucalión ocurre en la mitología griega.

Otra forma en que los hindúes cuentan la historia del diluvio universal se explica en el Arco de Manu, un libro para niños de la India. Mientras Manu realiza sus abluciones en un estanque, Dios aparece en forma de un pequeño pez. Manu alimenta el pez, que crece tan rápidamente que su cuerpo ocupa todo el océano. Entonces el pez grande (Vishnu) revela su identidad a Manu, explicando la destrucción inminente y la forma de salvar a la humanidad. Vishnu instruye a Manu para construir un bote lo suficientemente ligero como para ser arrastrado por la ballena. Cuando las aguas disminuyen, el bote de Manu se posa en la cima de una montaña. La ballena es el símbolo que se encuentra en las Líneas de Nasca, en el petroglifo Konkan, en el mural de Nourlangie y en otros lugares.

Resumen

El pueblo Nasca creó el glifo de la ballena para recordar la sabiduría y el poder de su dios. Esta deidad era el centro de sus vidas, pero a menudo se le identificaba con símbolos como el sol (grabado en la Lámina de oro) o una ballena para evitar el uso excesivo de su nombre sagrado. Sabían sobre el diluvio y la destrucción de todas las personas menos la familia de Noé. La gente del primer período (550 a.C.) usó de referencia a la ballena; el sol fue utilizado por la gente del segundo y tercer período (1200 d.C.). Dios habló con Noé y los andinos. La boca abierta de la ballena Nasca fue un recordatorio de que Dios continuaría comunicándose con sus hijos.

El ave marina

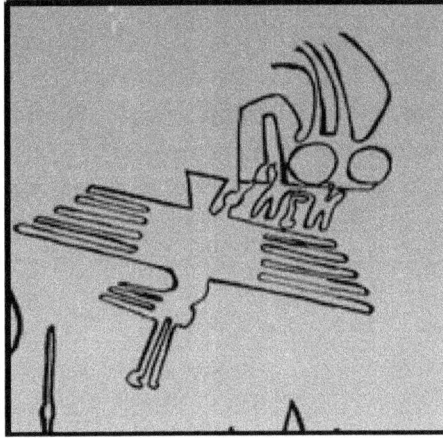

El glifo del ave marina en la sección norte de las Líneas de Nasca simboliza un evento muy significativo en el cielo. La cabeza del ave mira hacia abajo, lo que implica su descenso a la tierra. Esta ave lleva dos pequeños círculos y, a la izquierda, un círculo más grande con un agujero dentro. Las líneas arriba de los círculos se asimilan al arco iris que representa la casa celestial.

Mirando de cerca, podemos ver que el círculo más grande está expulsando criaturas. Este círculo más grande representa un grupo de espíritus que vinieron a la tierra de una manera diferente y en un tiempo anterior a los espíritus en los dos círculos intactos. Una breve revisión de la guerra en el cielo mejorará la comprensión de la diferencia entre los dos tipos de círculos.

La guerra en el cielo

Cobo escribe que los indios creían que la raza humana se originó en el cielo (11). Los andinos creían que tenían un comienzo divino en el cielo y dependían de Pachacamac, el creador del universo que dio a sus hijos un cuerpo físico. Él los ayuda a través de pruebas terrenales como el hambre, la sed, la enfermedad y el dolor, y preserva sus espíritus después de la muerte.

Los estudios cristianos afirman que la raza humana tenía un estado previo como espíritus, estrellas o la Palabra, que significa Jesús. "En el principio era el Verbo, y el Verbo (Jesús) estaba con Dios. Todas las cosas fueron hechas por la Palabra (Jesús). En el

Verbo estaba la vida, y el Verbo era la luz de los hombres", (Juan 1:1–4, NVI). Los andinos llaman a todos los seres celestiales estrellas o luz. Ellos enseñaban que las estrellas se reúnen para discutir el estado del mundo (Cobo, 16). Sostenían que sus primeros antepasados eran dioses (13). Como Noé, a quien Dios le guio para construir el arca y repoblar la tierra.

Según la gente en el primer período, algo más sucedió en el cielo. Pedro Sarmiento de Gamboa, un respetado explorador y autor del siglo XVI, registró lo que le había dicho un grupo de amautas (maestros) bajo juramento.

"Los nativos de esta tierra afirman que, en el principio, y antes de que este mundo fuera creado, había un ser llamado. . . Viracocha Pachayachachi, que significa 'Creador de todas las cosas'. Viracocha fue a [una] isla, y ordenó que el sol, la luna y las estrellas se mostraran en los cielos para dar luz al mundo, y así fue. . . Viracocha dio varias órdenes a sus sirvientes, pero Taguapaca desobedeció las órdenes de Viracocha. Entonces, Viracocha se enfureció contra Taguapaca, y ordenó a los otros dos sirvientes que lo tomaran, lo ataran de pies y manos, y lo lanzaran en una balsa en el lago. Así se hizo. Taguapaca estaba blasfemando contra Viracocha por la forma en que fue tratado, amenazando con que regresaría y se vengaría. y no fue visto de nuevo durante mucho tiempo", (32–33).

Lo que sucedió en el cielo fue la desobediencia expresada en una rebelión de Taguapaca contra su padre, Viracocha Pachayachachi. Taguapaca fue exiliado del cielo y arrojado a la tierra donde los amautas creían que estaba causando problemas cumpliendo así su venganza. Estas historias de Cobo y Sarmiento mencionan tres grupos. El primero incluía a aquellos, como Noé y Moisés, que se consideraba que habían desarrollado los atributos de los dioses. Se pensaba que el segundo incluía a los hijos de Dios que aún no habían desarrollado una fe, inteligencia o resistencia más elevadas. El tercer grupo, representado por el círculo abierto con un agujero en el glifo del ave marina, consistía en aquellos que fueron desterrados del cielo por rebelión y causar una guerra en el cielo.

Nicolás Pauccar es un chamán respetado del siglo XXI, curandero y autor que vive en una pequeña comunidad Q'ero en la región Cusco de Perú. En una entrevista reciente, señaló que "el simbolismo es una herramienta para compartir un conocimiento común para entender quiénes somos. La cultura andina ha estado utilizando el simbolismo durante mucho tiempo", (Foro: Miami Dade College, marzo de 2018). El glifo del ave marina es un símbolo que representa la creencia de los antiguos en una vida en el cielo antes de venir a la tierra y un recordatorio de que un tercio de la población de espíritus había sido desterrado del firmamento.

Como se mencionó en el capítulo anterior, la diosa china Nuwa intentó arreglar uno de los cuatro pilares del cielo, pero no pudo. Los antiguos egipcios también tenían símbolos para los pilares. Uno puede verlos en un facsímil, una antigua ilustración egipcia, de Abraham en la mesa de sacrificio. Las líneas en la parte inferior de la mesa representan los pilares del cielo. Las mismas líneas y círculos han sido utilizados por los sumerios en Mesopotamia. Sus símbolos estaban hechos de círculos y líneas.

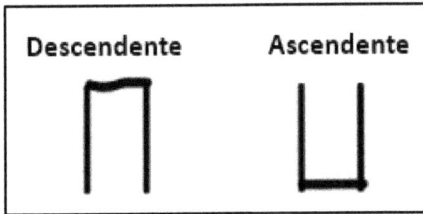

Tableta Sumerian fechada a 3500 b.C.

En la antigüedad, los círculos representaban un grupo de personas, una ciudad, el cielo o la tierra. Las líneas abiertas en la parte inferior significaban descender del cielo, y las abiertas en la parte superior significaban ascender al cielo. Las líneas también significaban canales de agua, direcciones, duración del tiempo y separación de cosas, personas o eventos.

En mi viaje a Toro Muerto, Perú, entramos a una cueva. La cueva tenía un camino, y a cada lado del camino, había un canal de agua. En la entrada, el techo era bajo. Después de seis metros a lo largo del camino, el techo tenía casi 2 metros más de altura; uno podía apreciar cómo tallaron el techo. En medio del pasadizo, había un camino a la izquierda con un canal de agua. La longitud del lado izquierdo era alrededor de nueve metros. Al final de la cueva, había una talla en forma de triángulo, y había agua cayendo a través de la parte superior del triángulo. El agua era tibia y dulce.

Uno solo puede asumir que los símbolos en la entrada de la cueva representan los tres canales de agua dentro de la cueva, y el círculo simboliza el lugar de donde vinieron, que tenía una torre alta. El

circulo sobre el otro círculo solo podía representar el cielo. La gente fue guiada por la divinidad que está en el cielo.

Cerca de la cueva, hay un petroglifo con el rostro de Dios en el lado izquierdo, y en el otro lado de la roca, hay una imagen triangular (pág. 61). La parte estrecha de la misma es larga, una torre con líneas zigzagueantes, similar a la talla triangular con agua corriendo a través de ella al final de la cueva (pág. 60). Esta antigua civilización creó los símbolos para representar su viaje del antiguo mundo de Mesopotamia y que siguió tres ríos y las direcciones que tomaron para llegar a las Américas. Es probable que construyeron la ciudad de Caral, de 5.000 años de antigüedad.

Los símbolos que el pueblo Nasca usó en el glifo del ave marina con tres círculos tienen significados similares a los utilizados en la antigua cultura egipcia y la civilización Toro Muerto: los eventos de grupos de personas.

En uno de los últimos capítulos del registro judío, el apóstol Juan relata esta visión de la caída de Satanás: "pero no prevalecieron, ni se halló ya lugar para ellos en el cielo. Y fue lanzado fuera el gran dragón, la serpiente antigua, que se llama diablo y Satanás, el cual engaña al mundo entero; fue arrojado a la tierra, y sus ángeles fueron arrojados con él", (Apocalipsis 12: 8-9, RVR)

Lo que a veces se olvida acerca de este evento es que Satanás no era un ser inherentemente malo en el principio. El profeta Isaías escribe: "¡Cómo has caído del cielo, oh Estrella del Día, hijo del amanecer!" (Isaías 14:12, NRSV). Lucifer o Lucero (que significa "luz de la mañana") era el nombre de Satanás antes de la caída, y le siguieron aproximadamente una tercia parte de todos los espíritus. Pero Lucifer creció en orgulloso, quería más poder y se rebeló cuando se le negó el poder de ser más o igual que Dios. Luego él y sus seguidores fueron arrojados al inframundo donde permanecieron como espíritus y nunca recibieron cuerpos físicos.

La mitología hindú también habla de poderosos señores en el cielo. Una historia familiar relata una batalla en el cielo entre los Benévolos Varuna y los malévolos Danavas. Los Danavas deseaban más poder. Desafortunadamente, muchos eruditos están investigando el significado de varios nombres, palabras y símbolos que a menudo hay contradicción y confusión entre ellos. Algunos investigadores de estos cuentos de la guerra en el cielo han concluido que estas contradicciones pueden resolverse con más evidencia arqueológica. El petroglifo Konkan es una evidencia más.

El petroglifo de Konkan

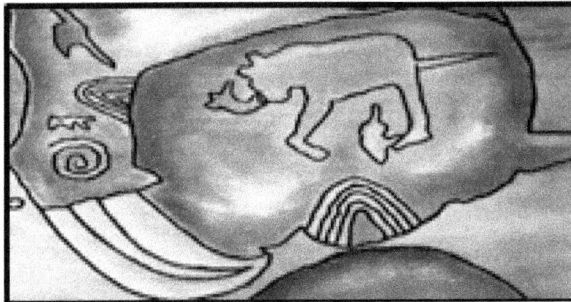

Esta ilustración está en el pie del elefante

Vemos dos colmillos de marfil unidos a la parte inferior de la pata del elefante. El colmillo situado delante o encima del otro es más pequeño. También unido a la parte inferior de la pierna y los colmillos hay una forma rectangular que encierra a un hipopótamo con un fantasma o espíritu en la boca y sus patas delanteras en una posición de lucha. La forma del espíritu es similar a las formas que salen del glifo del ave marina.

Sabemos que la imagen está al revés porque el arco iris, que representa la batalla en el cielo, está en la parte inferior. Hay una abertura en la parte inferior derecha del rectángulo y sugiere ser un camino de salida porque está abierto, donde fueron arrojadas las almas derrotadas. Este petroglifo comparte los mismos símbolos y mensajes que las figuras anteriores con respecto a la guerra en el cielo.

¿Por qué estas personas antiguas podrían haber elegido tallar un hipopótamo? Algunos de estos animales miden hasta 4 metros de largo, de 1.52 a 1.83 metros de altura en el hombro y pesan hasta 2,722 kilos. Esto podría sugerir que el hipopótamo representa al líder de un grupo con más poder para desterrar a un perturbador de la paz (Lucifer) del hogar celestial.

La mitología nórdica del siglo 13 incluye una historia de dos grupos de dioses, los Vanir y los Aesir, cada uno quería un poder igual al de su dios principal. El Aesir no tenía experiencia ni talentos especiales, pero tenía muchos seguidores y sentían que debían ser venerados. Una conquista militar avanzaría su estatus y les daría gloria. En la guerra, sin embargo, el grupo Vanir fue el vencedor.

Una búsqueda en Google de escritos más recientes relevantes a una guerra en el cielo muestra una gran variedad de resultados. Un relato muy respetado es el poema épico de John Milton, Paraíso Perdido, publicado por primera vez en 1667 y que comprende unas 10.000 líneas. La obra tiene críticos, pero su influencia en la literatura inglesa es probablemente superada solo por la de Shakespeare. Un detalle interesante en el relato de Milton es Satanás entrando en el inframundo a través de una pista de remolino desde el cielo.

Investigando la guerra en el cielo en la Biblia, me sorprendió encontrar varias referencias más allá de los versículos citados en la página anterior. La mayoría de estos versículos son de Reina Valera, 1960.

Isaías 14:12-13 "¡Cómo caíste del cielo, oh Lucero, hijo de la mañana! ¡Cortado fuiste por tierra, tú que debilitabas a las naciones! Tú que decías en tu corazón: Subiré al cielo, en lo alto, junto a las estrellas de Dios; levantare mi trono, y en el monte del testimonio me sentaré, a los lados del norte", (700 a.C., RVR).

Ezequiel 28:17 "Se enalteció tu corazón a causa de tu hermosura, corrompiste tu sabiduría a causa de tu esplendor, yo te arrojare por tierra; delante de los reyes te pondré para que miren en ti", (500 a.C.).

Apocalipsis 12:4 "Y su cola arrastraba la tercera parte de las estrellas del cielo y las arrojó sobre la tierra. Y el dragón se paró frente a la mujer que estaba para dar a luz, a fin de devorar a su hijo tan pronto como naciese", (70 d.C.).

Apocalipsis 9:1–2 "El quinto ángel tocó la trompeta, y vi una estrella que cayó del cielo a la tierra; y se le dio la llave del pozo del Abismo. Y abrió el pozo del Abismo, y subió humo del pozo como humo de un gran horno; y se oscureció el sol y el aire por el humo del pozo", (70 d.C.).

Estos versículos de la Biblia apoyan varias figuras arqueológicas que representan a un tercio de la población espiritual siendo exiliada del cielo por rebelarse contra Dios.

El Padre Cobo explica lo que los andinos creían acerca de cómo Dios envió a los espíritus fieles a la tierra. Los andinos creían que el Creador le daba a cada nación el idioma que debían hablar, así como su sustento (13). Cobo afirma que los andinos creían que el origen del hombre era el cielo. En el primer período, la gente tenía un amplio conocimiento sobre lo que su dios había hecho por ellos para que pudieran sostenerse en la tierra. En la misma página, Cobo escribe lo que otras naciones dijeron sobre el diluvio, indicando que la civilización andina estaba compuesta por muchas naciones, siendo Nasca una de ellas.

Cobo parece cuestionar la creencia de que los andinos "consideraban que sus primeros antepasados eran dioses". Estos pueblos antiguos consideraban a Noé un santo debido a su conocimiento del diluvio. Lo respetaban y lo consideraban un miembro de su familia ancestral que se comunicaba con Dios. Cobo escribe que la inundación fue causada por la voluntad de Viracocha. En la misma página, menciona a Pachacamac como el creador del mundo (12). Cobo presenta a Viracocha no como el creador sino como una deidad que hace la voluntad de Pachacamac como aprenderemos más adelante. En el cielo, Taguapaca luchó contra Viracocha y fue derrotado. El pueblo Nasca creía que Dios le habló a Noé y le dijo su voluntad.

El antiguo texto judío también registra esta declaración directa de Dios al hombre: "Y Jehová dijo a Moisés: Mira, yo te he hecho dios para Faraón, y Aarón tu hermano será tu profeta" (Éxodo 7:1). Cobo puede no haber tenido un conocimiento profundo de la Biblia, o si lo hizo, quería que sus lectores entendieran que los andinos trataban a estos santos como dioses porque Dios les había dado poder. Noé construyó un arca, y Moisés dividió el Mar Rojo. La gente en el primer período sabía acerca de la creación, el diluvio, y que la raza humana descendió del cielo, su origen en el estado espiritual.

Lámina de oro

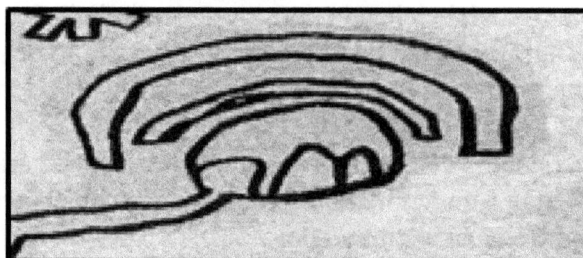

Esta figura se encuentra en el lado norte de la lámina. El propósito de la figura es mostrar lo que sucedió en el cielo antes de que la gente viniera a la tierra. El arco iris representa el cielo. El gran círculo que rodea los tres círculos más pequeños representa un mundo celestial.

Las tres rocas simbolizan grupos de espíritus, con el grupo de la izquierda claramente separado del cielo. Tanto en las Líneas de Nasca como en la Lámina de oro, el círculo con un agujero y un camino se encuentra a la izquierda de los dos círculos completos. ¿Por qué la gente del círculo de izquierda había sido exiliada? Los mitos de muchas culturas, incluidos los aztecas, los mayas, los griegos y los hindúes, relatan historias de la guerra en el cielo que finalmente separó a los malos espíritus de los buenos.

Cobo explica que los andinos creían que la condición de las almas condenadas era perpetua (21). El círculo separado a la izquierda representa aquellas almas perdidas a las que no se les permitió repoblar la tierra. El ave marina también representa la guerra en el cielo y cómo un tercio de los espíritus fueron engañados por Dajjaal [Lucifer para los musulmanes] y exiliados a la tierra sin esperanza de alcanzar un cuerpo físico o perdón. Los andinos se referían a aquellos que habían caído permanentemente de la gracia y se negaban a arrepentirse como "almas condenadas", demonios feos y aterradores que vivían en un infierno donde atormentaban a los pecadores. Los pecadores en este horrible lugar comían carbón, serpientes, sapos y otras alimañas repugnantes.

Las imágenes a continuación son solo dos de una gran colección tallada en rocas volcánicas durante el primer milenio en el sitio de Toro Muerto en el sur de Perú. El conejo tiene la espalda arqueada como un arco iris y su cabeza descendiendo, otra indicación de la creencia de los antiguos de que los humanos eran espíritus antes de recibir cuerpos físicos.

Toro Muerto

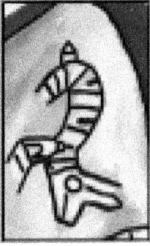

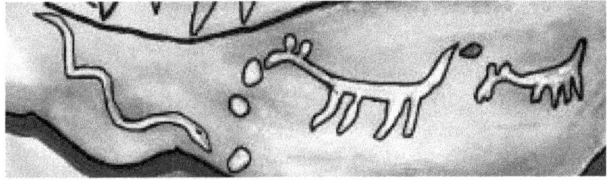

En la imagen de la derecha, vemos otra representación de la separación de los espíritus buenos y malos. De los tres círculos, el más a la izquierda parece estar cayendo como si la serpiente lo estuviera llevando. Las dos llamas, una más grande que la otra, repiten el simbolismo de los colmillos de marfil grandes y pequeños del elefante Konkan. En esta talla, la serpiente ha sido exiliada del cielo y se está llevando a un grupo de espíritus con él, mientras que los otros dos están esperando el momento en que ellos (conejo a la izquierda) recibirían cuerpos físicos y vendrían a la tierra como seres humanos. La gente usaba el conejo como símbolo para representar la gran cantidad de espíritus que bajarían del cielo.

Resumen

El pueblo Nasca creó el glifo del ave marina para recordar que habían descendido de Dios. También sabían que sus cuerpos físicos albergaban un espíritu que podía comunicarse con Dios. Lucharon contra el dragón en el cielo. Sabían que el dragón quería tanto el poder como la gloria de Dios. Era egoísta, orgulloso y decidido a crear el caos y destruir a tantos hijos de Dios como pudiera. El ave marina representa el final de la guerra en el cielo y la separación de los espíritus engañados que fueron exiliados a la tierra.

La estrella caída

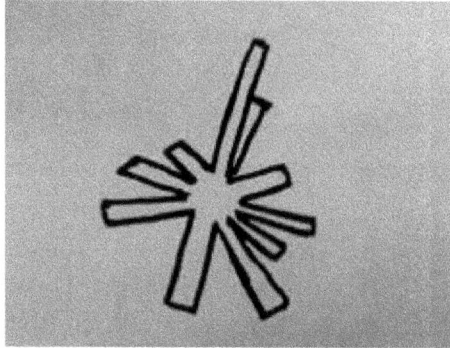

La estrella en las líneas de Nasca se encuentra directamente debajo de la ballena y el arco iris. Es la única figura astronómica en el grupo principal de glifos, y una línea que la conecta con la sección norte sugiere que es una estrella "caída". Gracias a los telescopios e imágenes de la NASA, sabemos que la sección media alargada del glifo estelar indica que sufrió una gran fuerza de energía en la expulsión, que terminó en su choque contra la tierra, expandiendo el centro de la estrella. Esta imagen parece indicar que la gente de Nasca tenía conocimiento de la estrella caída que creían que fue empujada con un poder divino del cielo.

La posición de la estrella directamente debajo del arco iris en las Líneas de Nasca indica que los antiguos entendieron su origen. Como se explicó en la sección anterior, los espíritus en el círculo con un agujero habían sido desterrados del cielo, y la serpiente en Toro Muerto descendía del norte con un grupo de espíritus del cielo. Cobo informa que cuando los andinos vieron una estrella fugaz, sus gritos fueron fuertes, o cuando hubo un eclipse solar total o la caída de un cometa, se pusieron muy tristes (175).

El símbolo de la estrella representa específicamente la caída de un espíritu del cielo. Cobo describe lo asombrosamente tristes que se volvieron los antiguos nativos cuando vieron una estrella fugaz. Después de gritos atronadores, los indígenas se afligieron. La tristeza está relacionada con la pérdida y la desesperanza. Estas profundas reacciones emocionales muestran que estos pueblos sabían de una gran pérdida en el cielo.

Otras naciones antiguas sabían de la guerra en el cielo. Un mito nórdico del siglo 13 habla de esta batalla entre dos grupos de dioses, los Vanir y los Aesir. La mitología hindú relata una poderosa guerra de los señores en el cielo. En el antiguo registro hebreo de 500 a.C., Ezequiel escribe: "Se enalteció tu corazón a causa de tu hermosura, corrompiste tu sabiduría a causa de tu esplendor; yo te arrojaré por tierra; delante de reyes te pondré para que miren en ti", (Ezequiel 28:17, RVR). El personaje central en cada una de estas historias es un espíritu que había perdido su carácter sagrado por ser desleal, mentiroso y orgulloso. Sus seguidores también codiciaban el poder. Al final, sin embargo, no pudo alcanzar la gloria y el poder de Dios y fue exiliado a la tierra como un ser incapaz de tener un cuerpo físico.

Es importante tener en cuenta que los pueblos andinos tenían un gran conocimiento del cosmos y se sentían muy conectados con él. Experimentaron el mismo asombro y maravilla que uno siente hoy cuando ve el cielo lleno de estrellas y la luna en sus muchas formas, colores e intensidades de luz. Las culturas antiguas también utilizaron sus conocimientos de astrología para mejorar su práctica agrícola, mover sus ganados y celebrar actos religiosos como de los solsticios de invierno y verano. Los indios tenían ocho torres grandes al este y ocho al oeste de Cusco para registrar sus solsticios. Como los hebreos, los indios contaban sus meses por lunas (Garcilaso, 116).

El conocimiento del cosmos de los antiguos peruanos era extenso. Por lo tanto, sería erróneo caracterizar sus gritos como un signo de ignorancia, locura o confusión como los españoles juzgaron que era. Los sacerdotes españoles negaron las creencias religiosas y los valores espirituales de los nativos, determinando que eran incorrectos simplemente porque eran diferentes de la corriente principal católica y no intentaban ganarse la confianza de los andinos para aprender más detalles sobre sus creencias religiosas.

El glifo estelar representaba un ser celestial. En un viejo cuento popular andino, las manadas de llamas se inquietaban, dejaban de comer y miraban a las estrellas en lugar de dormir. Cuando un pastor preguntó la causa de su angustia, los animales le mostraron un grupo de estrellas que creían que planeaban destruir el mundo con una gran inundación (Cobo, 16). En la antigüedad, los líderes espirituales andinos parecen haber enseñado que los seres celestiales castigaron a la gente de la tierra con un diluvio. Es importante tener en cuenta que la estrella caída no es uno de los trece líderes celestiales o estrellas que se muestran en la Lámina de oro.

La religión andina también reconoció una clara diferencia entre el Creador y el diablo. El Inca Garcilaso explica que los sacerdotes andinos decían que el dios del que predicaban los españoles y Pachacamac eran uno y el mismo, a quien veneraban como el Dios Altísimo. Los indios nunca pretendieron este nombre para el diablo, a quien llamaron Cupay, que significa "diablo". Al llamarlo por su nombre, escupían como señal de maldición y abominación (71). La descripción de Garcilaso indica claramente los sentimientos que los andinos sentían por Pachacamac, el creador del universo a quien adoraban y le daban santa reverencia, y al diablo Cupay, a quien maldecían y rechazaban abiertamente.

La Estrella caída en la Lámina de oro

La Lámina de oro del siglo XVI presentó versiones más pequeñas de los murales que cubren las paredes interiores del templo de Coricancha construido antes de la conquista española. Los científicos y arqueólogos están de acuerdo en que la lámina de Oro se hizo con fines religiosos. La estrella tallada en la lámina se encuentra debajo de trece estrellas más pequeñas, y al igual que la estrella caída en las líneas de Nasca, la sección media vertical es más grande, lo que sugiere que, una gran fuerza hizo que la estrella explotara en la caída. Pero, ¿por qué Pachacuti grabó una estrella más grande y aparte de las otras? Cuando la gente muere, los andinos creían que, si la persona había sido buena, la persona se convertiría en una estrella, y en el cielo, las personas buenas disfrutan de muchas bendiciones (Cobo, 19). Las estrellas representan a los espíritus rodeados de luz. Esta creencia también es compartida por los países asiáticos como China de que sus muertos se convierten en estrellas, teniendo ellos una cultura antigua y rica.

Parece que las estrellas en la lámina dorada representan seres celestiales. Todos fueron llamados estrellas, pero uno eligió no mantener ese título celestial. En el Antiguo Testamento, el profeta Isaías escribe: "¡Cómo caíste del cielo, oh Lucero, hijo de la mañana! ¡Cortado fuiste por tierra, tú que debilitabas a las naciones!" (Isaías 14:12, RVR). Jesús también fue referido como la estrella de la mañana, pero él mantuvo su estado. Aparte de estas dos estrellas, las trece estrellas más pequeñas son disipadores de oscuridad e ignorancia, mensajeros enviados para compartir luz que simboliza el conocimiento y la sabiduría. Estas son las estrellas a las que las llamas le pidieron al pastor que prestara atención. Sin estas luces celestiales, los humanos estarían perdidos.

Guaman Poma, un nativo de finales del siglo XVI de los Andes, escribió lo siguiente con respecto a los astrólogos de este período: "Los filósofos y astrólogos indígenas. . . conocían los lados del sol, y de la luna y los eclipses, y de las estrellas y cometas; las horas, semanas, meses y años; y de los cuatro vientos del mundo", (Nueva Crónica, 253). Los astrólogos llevaban un registro de cómo se desarrollaría el año observando las estrellas, el sol y la luna. Sus esquemas crearon un vínculo entre las personas y el cielo. Sin embargo, debido a que las cosas sagradas a menudo se mantenían en secreto, los filósofos y astrólogos andinos pueden no haber revelado todo lo que sabían sobre las estrellas a los españoles o incluso a su propia gente.

Ningún ser nacido en la tierra recuerda su vida anterior, la guerra en el cielo o el destierro de la estrella caída. Sus mentes están cubiertas con un velo de olvido. Los seres humanos pueden diferenciarse de otros seres vivos como los animales porque están dotados de una conciencia que puede distinguir el bien del mal.

Según los andinos, la raza humana son seres espirituales inmortales y que pueden experimentar amor, alegría, tristeza, salud, enfermedad y para tener hambre, sed y luchar por una conexión con un poder superior. Los maestros religiosos andinos enseñaban que las personas estaban compuestas de cuerpo y alma y que el alma era un espíritu inmortal (Garcilaso, 84). Esto apoya la idea de que las estrellas que no siguieron a la estrella caída son las que obtienen cuerpos físicos. Pero el cuerpo por sí mismo es sólo materia física; el espíritu inmortal de uno siente todas las emociones mortales y anhela un conocimiento perfecto.

Toro Muerto

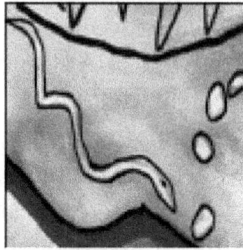

Las Líneas de Nasca muestra una estrella desterrada del cielo. La Lámina de oro muestra una estrella caída separada de otras en el cielo. Esa estrella solitaria representa al diablo. A diferencia de estas otras maravillas del mundo, no hay estrella entre las figuras en este petroglifo de Toro Muerto. En cambio, estas personas antiguas representaron al ser caído como una serpiente que se deslizaba desde el norte, llevándose consigo un tercio de las almas en el cielo. Tallada hace más de 5.000 años, esta imagen es más antigua que las Líneas de Nasca y la Lámina de oro, pero cuenta la misma historia escrita en el antiguo registro judío y también recuerda una creencia temprana de los andinos: que cuando Taguapaca [Lucifer] desobedeció las órdenes de Viracocha, sus manos y piernas estaban atadas para que solo pudiera deslizarse como una serpiente: "Entonces Viracocha se enfureció contra Taguapaca, y ordenó a los otros dos sirvientes que lo tomaran, lo ataran de pies y manos, y lo lanzaran en una balsa al lago", (Sarmiento, 33).

Los antiguos andinos despreciaban a las serpientes por lo que representaban. Cobo revela una reacción típica cuando los indios veían serpientes y otros animales similares: los consideraban un mal presagio, y el indio lo mataba, orinaba sobre él y lo pisaba con el pie izquierdo (175). Cobo también señala que estas primeras personas percibían a las serpientes como un presagio malo del que nada bueno podía venir y manifestaron su valentía al tratar de destruir la serpiente o eliminarla de su hogar o comunidad. Los pueblos andinos no eran la única cultura que creía que las serpientes, o cualquier tipo de reptil, representaban a los malos creadores del sufrimiento mundial.

Las civilizaciones antiguas también dejaron evidencia de serpientes como objetos de culto. Los miembros del culto adoraban o respetaban a las serpientes porque creían que las serpientes nunca perdonarían. Los babilonios sostendrían un objeto con una imagen de serpiente en su mano izquierda mientras levantaban su mano derecha al cielo. Los andinos usaron su pie izquierdo para matar a una serpiente mientras levantaban su mano derecha al cielo con la palma hacia afuera. En África, la serpiente representaba la encarnación de parientes fallecidos. Los egipcios tenían el Libro de los Muertos que contenía un hechizo para ahuyentar a las serpientes malvadas y evitar el daño. Sus palabras son simples y específicas: "¡Vuelve! ¡Aléjate! ¡Aléjate de mí, serpiente! ¡Fuera! Ahogaos en el lago del abismo, en el lugar donde tu padre mandó que se llevara a cabo tu condenacion", (hechizo 39). La consecuencia de esta maldición es algo similar a la historia andina de Taguapaca siendo lanzado al lago del abismo.

Los mitos, los cuentos populares y la Biblia hablan de la expulsión de un ser que busca un poder igual o mayor que el de Dios. Del mismo modo, el islam cree que la estrella caída está detrás de todo lo que está mal en el mundo, ya que, representa al diablo quien usa a los humanos para hacer el mal. Yendo un paso más allá, la serpiente o estrella caída no es el único ser causante del caos en la tierra; la tercera parte de las almas en el cielo que siguieron a Satanás también lo son.

El hombre azul en la visión de Alce Negro

Los dibujos de Oso sentado son cortesía de la Sociedad del Estado de Missouri

Alce Negro vio a un hombre azul caído en su visión. Los astrónomos han revelado que las estrellas calientes aparecen blancas o azules, mientras que las estrellas más frías tienden hacia tonos naranjas y rojos. Las estrellas calientes se forman muy rápidamente, ardiendo a temperaturas extremadamente altas y enviando una radiación feroz que a veces destruye cualquier material denso que las rodee.

En la visión de Alce Negro, el hombre azul estaba causando todo tipo de destrucción. Describe que en una gran fuente de aguas vivía el hombre azul. Del agua surgieron grandes llamas. Entendió que las cenizas de las llamas estaban haciendo que la gente y el mundo entero se marchitaran, se adelgazaran y jadearan, en otras palabras, debilitándolos.

Las cuatro tropas de jinetes no pudieron matar al hombre azul y le pidieron a Alce Negro que lo hiciera. Tenía un vaso de agua en una mano y un arco que se convirtió en una lanza en la otra mano. Dijo que la cabeza de la lanza era un rayo afilado. Se abalanzó y apuñaló el corazón del hombre azul. Con su muerte, la gente y el mundo entero ya no se marchitaban, sino que comenzaron a llorar de alegría. Los otros veinticuatro jinetes cargaron y golpearon el cadáver del hombre azul, que luego se convirtió en una tortuga inofensiva (Neihardt, 20).

Según Alce Negro, el hombre azul había infligido dolor y sufrimiento a todos los seres vivos de la tierra, pero fue derrotado y, al final, se convirtió en un reptil. Fue asesinado con la punta de la lanza en forma de un rayo, y el rayo en la religión andina representa el Espíritu Santo que el hombre necesita escuchar para derrotar al enemigo de los hombres. Los beneficios de su muerte no solo serían recibidos por la gente de Alce Negro, sino por toda la raza humana.

Resumen

El pueblo Nasca creó el glifo de la estrella caída para recordarles la rebelión en el cielo. En su primer estado espiritual, había una división de pensamiento, y aquellos que querían honor y gloria también querían ser dioses, no hijos de un Dios. Los pueblos andinos sentían lástima por los exiliados del cielo, pero sabían que los espíritus caídos también querían destruir a la raza humana.

La garza

La figura de la garza se encuentra en el norte, entre los glifos de la ballena y el caimán. Este glifo tiene un cuello largo y extendido diseñado a propósito con siete torceduras, al contrario del cuello de una garza viva que tiene la forma de "s". Siete es un número primo, un numero perfecto porque solo se puede factorizar por sí mismo.

Hay veinte especies de garzas en el Perú, y el cocoi (el más grande de la especie) se encuentra en la parte tropical de Tambopata, Puerto Maldonado, en la esquina sureste del país. La frente y la corona de la cabeza son negras. La forma de "s" del cuello largo y blanco se debe a una modificación en la sexta vértebra. El cuello y la parte superior del pecho están marcados por rayas negras, y hay manchas negras en la parte inferior del pecho y el abdomen. La espalda y las alas superiores son grises, y el color de la pata ha sido reportado como negro o marrón-gris. El pico es largo y más ancho que la mayoría de las garzas. El ave tiene una longevidad máxima de veinticuatro años.

En su hábitat natural, esta garza se puede encontrar sola,

caminando por aguas poco profundas, o de pie en silencio y moviendo cuidadosamente su cuello mientras espera a su presa. La garza es uno de los pocos tipos de aves que matan y comen reptiles. Su pico es como un arpón, lo suficientemente fuerte como para transportar presas mientras vuela. Las garzas se pueden encontrar en grandes comunidades, son monógamas y tienen una temporada de reproducción por año. Las garzas peruanas, mientras vuelan, hacen un sonido como si estuvieran sufriendo. La garza cocoi es un ave tropical que no se encuentra en la costa o en las comunidades andinas, sin embargo, el pueblo Nasca eligió esta especie en particular para representar un punto de su doctrina religiosa.

Cerámica de Nasca

Este majestuoso glifo tiene 280 metros de largo y es más que una simple obra de arte. Su posición vertical indica actividad. La garza de Nasca vuela hacia el norte, lo que para los mesoamericanos y los antiguos andinos significaba hacia arriba o hacia el cielo.

En la cerámica garza, de arriba, su frente y corona son oscuras, el pico es ancho, así como el cuello, las alas y el cuerpo tienen parches de gris conforme con la descripción del cocoi. Esta garza tiene su largo cuello envuelto alrededor de una serpiente, atrapando la cabeza en su poderoso pico. La boca abierta de la serpiente significa muerte inminente. El aspecto depredador de esta figura es familiar. Cada vez que los antiguos andinos veían una serpiente u otro reptil, la mataban porque pensaban que era un mal presagio. El pueblo Nasca eligió a la garza para representar a un salvador que eliminaría la victoria de la muerte.

La garza representa a Viracocha. El padre Blas Valera explica el significado de Viracocha con el latín numen (la voluntad de Dios), no porque "numen sea el significado de Viracocha, sino por la divinidad atribuida por los indios al fantasma... enviado por el sol, [Dios], para la salvación de su progenie", (Garcilaso, 288).

Es muy poco probable que no hubiera importancia detrás de la planificación y ejecución de esta figura. Parece que la garza es la razón por la que el pueblo Nasca usaba líneas para expresar el significado divino de su religión. Al igual que el impacto emocional del arco iris y la ballena, la garza también infunde a nuestro subconsciente una sensación de asombro. Cobo vio las estatuas e imágenes de los Andes. Algunos fueron pintados, otros tallados, y estaban hechos de oro, plata, madera, arcilla y otros materiales. Algunos de ellos tenían formas humanas, y otros tenían formas de animales [como la cerámica de garza] (45). Todas estas imágenes fueron hechas para expresar reverencia hacia la naturaleza y el plan del Creador.

Según las antiguas profecías hebreas, la introducción de un mesías comenzó durante la creación. "Lo veo, pero no ahora; Lo contemplo, pero no cerca. Una estrella saldrá de Jacob, un cetro saldrá de Israel", (Números 24:17, NVI). El antiguo significado del nombre Viracocha y la profecía de un mesías son parte de un plan que se hizo para la expulsión del pecado humano. Por esta razón, el pueblo Nasca talló la garza junto al caimán y el ave marina. La cerámica de este período representa una garza mordiendo a la serpiente y matándola, y los andinos llevaban plumas blancas de un pájaro cocoi para celebrar la muerte de la serpiente.

Otra razón por la cual la figura de Nasca podría ser una garza cocoi es mencionada por el Padre Bernabé Cobo al describir una danza tradicional donde los bailarines llevaban en sus cabezas plumas blancas de pájaros llamados tocto para representar el poder de Viracocha sobre el mal (136). Si bien las palabras cocoi y tocto pueden no sonar en absoluto similares, el historiador Garcilaso explica en sus escritos que, por varias razones, los españoles cambiaron con frecuencia los nombres de personas, lugares y cosas al escribir sobre sus experiencias en este Nuevo Mundo (503). Garcilaso también confirmó que los españoles no entendían los sonidos finos y difíciles de la lengua andina, corrompiendo así los nombres de muchas cosas. En conjunto, estos hechos sugieren fuertemente que la figura de Nasca es la garza cocoi.

Conforme a las citas anteriores y la imagen de cerámica, la garza de Nasca representa a un ser que destruyó a la serpiente. Los pueblos andinos continuaron celebrando ceremonias transmitidas por sus antepasados en el primer período, y creían que las serpientes eran malos presagios, y no solo peligrosos por su veneno. El comportamiento de los pueblos andinos mostró que querían resistir el mal. Si la serpiente representaba a un ser maligno, la garza debía representar a un ser bueno y poderoso cuya misión era destruir el mal. Cuando terminara su misión, la garza volaría de regreso al cielo.

Muchos lectores pueden preguntarse por qué el pueblo Nasca incluyó un ave que era no nativa del área. Primero, necesitaban un conocimiento claro de las profecías de Dios acerca de la venida de su Hijo a través de revelaciones, visiones, sueños o registros antiguos. Cuando leí el informe de ornitología peruana de la garza cocoi, me di cuenta de que los Nasca ciertamente habrían notado las mismas características descriptivas. Si estaban buscando un pájaro para simbolizar al Hijo de Dios, reconocieron al cocoi como el más grande de todas las garzas, solitario, paciente (esperando cuidadosamente a la presa), monógamo, tranquilo y uno de los pocos pájaros que come reptiles y hace un sonido de dolor cuando vuela.

Cientos de años antes del período de Nasca, en el registro judío, Isaías declaró que el siervo de Dios llevaría los pecados de muchos. Esos pecados están simbolizados por el reptil en la boca de la garza. Cientos de años después de que los Nasca se establecieran a lo largo de la costa sur del Perú, Jesús, el siervo de Dios que llevaría los pecados de muchos, sufrió una gran angustia en el Jardín de Getsemaní mientras intercedía por los transgresores. "Estando en agonía, oró más fervientemente, y su sudor era como grandes gotas de sangre cayendo al suelo", (Lucas 22:44). Seguramente esto equivaldría a un sonido de dolor hecho antes de tomar los pecados del mundo.

Lámina de oro

Mientras que los Nasca favorecían a la garza para simbolizar el poder de Viracocha sobre el mal, también se usaban otros animales. El dibujo de la plancha o lámina de oro es simple y directo: un puma (o gato montés) destruyendo una serpiente. En la lámina, una línea emerge de un gran cuerpo de agua conocido como Mamacocha (gran lago), termina en una fruta y toca la rama de un árbol. La imagen de una batalla aparece encima del árbol.

Según Pachacuti Yamqui, fue con un fruto que la serpiente vino a tentar a Eva en el Jardín del Edén. El pueblo andino tuvo una ceremonia para celebrar la destrucción de la serpiente y recordar a su pueblo la necesidad de hacer promesas a Dios.

Cobo escribe que los indios celebraban una ceremonia muy solemne llamada Capac Raymi. Él describe el festival como lo que la Pascua es para los cristianos. En esta celebración, seleccionaron ovejas sanas y sin mancha. Se los ofrecieron en nombre del Sol a Viracocha. Consagraron el pan para expresar su gratitud al Sol con palabras y acciones. Después de que la gente comió el pan, hicieron una promesa de no hablar mal del Sol o del Inca. Luego, llevaban túnicas rojas hasta los pies y, además, llevaban pieles de león [puma] para comenzar la danza ceremonial (126-133).

El símbolo de la tribu de Juda: el león

Sabiendo esto, es fácil entender porque hay tantas obras arqueológicas con gatos salvajes mostrando colmillos y garras. En el baile, la persona que llevaba la piel de puma pidió fuerza al puma que había matado a la serpiente. Pachacuti Yamqui dibujó el gato montés para explicar que él o su pueblo conocían la genealogía ancestral del Salvador. Mucho antes de la llegada de la Biblia, los

Nasca sabían acerca de la creación y el diluvio universal, las ceremonias de sacrificio realizadas por Moisés, la ofrenda del Hijo del Sol y los conceptos de inmortalidad y resurrección. Es más que probable que también supieran por visión, revelación o registros antiguos que el Salvador era judío y que el símbolo de Jerusalén era un león. "Eres un cachorro de león, Judá; regresas de la presa, hijo mío. Como un león se agacha y se acuesta, como una leona, ¿quién se atreve a despertarlo?" (Génesis 49:9, NVI). También es posible que Pachacuti aprendiera sobre el símbolo del león de Judá de los sacerdotes católicos.

Los pueblos andinos continuaron practicando las ceremonias de sus antepasados. Creían que, si realizaban estas ceremonias, irían al cielo (Cobo, 20). Enseñanzas similares se encuentran en el antiguo registro hebreo. "Ciertamente Dios no rechaza al que es irreprensible, ni fortalece las manos de los malhechores", (Job 8:20, NVI). El pueblo andino se esforzó por recordar y hacer cosas buenas a través de sus ofrendas y obediencia a sus leyes.

Imagen de Konkan

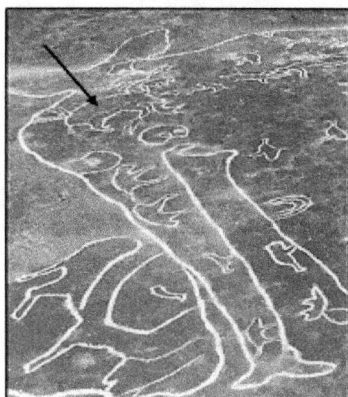

El petroglifo de Konkan muestra la batalla de un joven rinoceronte que tiene una serpiente entre los dientes, dentro de la cabeza del elefante. Un arco iris (a la izquierda del animal) indica que el evento es una predicción celestial de lo que sucedería en el futuro. Un espíritu o ave está debajo. La serpiente ha sido destruida. ¿Por qué era necesario para la gente de Konkan y Nasca enseñar esto?

Porque la victoria del rinoceronte y la garza significaron que los hijos terrenales de Dios no tenían que temer a la muerte, porque volverían a vivir.

El pueblo del primer periodo entendió la inmortalidad del alma: que, si eran buenos, irían al cielo y tendrían gozo eterno. Cobo agrega que los maestros religiosos intentaron con sus exhortaciones liberarlos del mal y persuadirlos a ser buenos porque, sin la luz de la fe, era imposible conocer la verdad (19).

Toro Muerto

En el petroglifo de Toro Muerto, un joven camélido está apretando a la serpiente hasta la muerte con su cola. Como en todos estos símbolos antiguos, la serpiente o reptil representa a la parte culpable. Los pueblos andinos tenían a los camélidos en gran estima. Garcilaso escribe sobre los camélidos como animales dóciles porque pastan en cualquier hierba que encuentran, duermen en campo abierto sin necesidad de alojamiento y son tan resistentes que pueden arreglárselas sin comida, incluso cuando trabajan (514). Por estas razones, estos antepasados eligieron al camélido para representar al ser noble que vendría en algún momento en el futuro para destruir el mal y la muerte; para que la raza humana pudiera vivir de nuevo.

Resumen

El pueblo Nasca diseñó la garza para recordarles la profecía de un redentor que destruiría al reptil o Satanás, un mesías o salvador que devolvería a la raza humana el tipo de mundo que Dios originalmente planeó en darles cuando creó el Jardín del Edén.

En sus ofrendas, los Nasca mostraban agradecimiento por el sacrificio infinito que se llevaría a cabo en el futuro o después del primer periodo. Este sacrificio es detallado en el libro judío. "Porque de tal manera amó Dios al mundo, que ha dado a su Hijo unigénito, para que todo aquel que en él cree, no se pierda, más tenga vida eterna. Porque Dios no envió a su Hijo al mundo para condenar al mundo, sino para salvar al mundo por medio de él", (Juan 3:16-17, NVI). La hermosa garza le recordó a la gente que había un plan en el cielo. Viracocha destruiría a la serpiente dando libremente su vida por los pecados del mundo. Por lo tanto, la serpiente no tendría poder para destruir almas.

El ojo

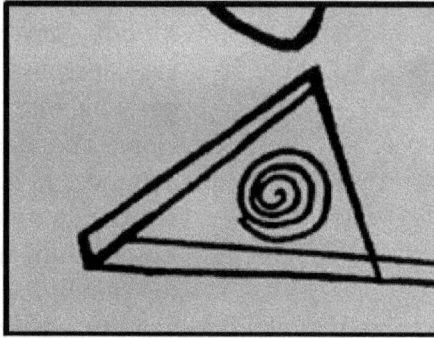

Esta imagen también se encuentra en el lado norte de las líneas de Nasca. El ojo espiral es la única figura dentro de una forma geométrica y representa el ojo de Dios que todo lo ve. La ubicación norte del ojo y las cuatro imágenes anteriores sugieren que comparten el espacio celestial en el cielo y su papel colectivo como protectores de la raza humana. El Padre Bernabé Cobo explica que los sacerdotes ofrecieron el primer sacrificio a Viracocha para que viera por la salud del Inca y para que tuviera una larga vida (155).

Desafortunadamente, Cobo repitió el nombre de Viracocha en esta declaración, cuando la segunda referencia debería haber sido a Pachacamac, el Dios todopoderoso a quien los incas oraron para que aceptara la ofrenda. Según Garcilaso, los andinos adoraban a un solo Dios, Pachacamac, el que dio vida al universo y lo sostuvo; un nombre que los historiadores españoles detestaban porque no lo entendían (72). Garcilaso explica más tarde por qué los españoles se equivocaron al entender el verdadero significado de Viracocha. Los historiadores españoles dijeron que los indios les dieron el nombre de Viracocha (288). Los indios encontraron similitudes entre ellos por el color de su piel y barba, pero los españoles no eran dioses para ellos.

En otras palabras, los andinos estaban jugando juegos mentales con sus invasores extranjeros. No confiaban en los malos conquistadores y compartieron la información suficiente para responder a sus preguntas sin entrar en detalles. De todos modos, los españoles no les habrían creído porque su objetivo era demostrar que los indios eran salvajes, y esta mentalidad no les habría permitido comprender las verdaderas creencias religiosas de los andinos.

Padre Blas Valera, el hijo mestizo de uno de los hombres de Pizarro, escribió dos obras significativas: Vocabulario quechua e Historia de los Incas, y traduce Viracocha con el latín numen, que significa "la voluntad de Dios". Esta traducción, explica Garcilaso, "no es porque este sea el significado literal de Viracocha, sino por la divinidad atribuida por los indios al fantasma, que era adorado como un dios y se le daba el segundo lugar después del Sol", (288). Estas citas confirman que los indios adoraban a Pachacamac [el Sol] como su dios principal y a Viracocha como el hijo del Sol, cuya tarea era hacer la voluntad de su Padre.

El camélido en Toro Muerto tiene un ojo espiral

Los españoles confundieron los títulos de las deidades indias. En el sitio arqueológico de Majes, uno puede ver el camélido con un ojo en la forma de un espiral. Este arte religioso representa una virtud de su Dios. Garcilaso aclaró el malentendido. Los andinos hicieron ofrendas sinceras pidiendo a Dios que bendiga a su rey Inca con salud y larga vida. Estas personas antiguas realizaban ceremonias, oraban, y trabajaban para servir a su Dios y servir a los demás porque sabían que Dios los estaba mirando y cuidando.

Dos milenios después, el dibujo de un ojo apareció en el billete de un dólar de los Estados Unidos como el "Ojo de la Providencia". Dentro de una forma similar a la pirámide de Nasca, este ojo ilustra la creencia del pueblo estadounidense en un poder superior como se expresa en la Declaración de libertad: "Y para el apoyo de esta Declaración, con una firme confianza en la protección de la divina Providencia, damos mutuamente nuestras vidas, nuestras fortunas y nuestro sagrado honor". Los fundadores creían que su independencia fue posible sólo con la ayuda de Dios.

El ojo en el petroglifo del elefante, Konkan

Una espiral similar a la figura de Nasca se encuentra en la parte norte del petroglifo Konkan, y está muy cerca del arco iris, el rinoceronte y la ballena discutidos en otros capítulos. La posición única de la espiral tanto aquí como en las imágenes de Nasca sugiere que Dios siempre está velando por sus hijos.

También se han encontrado referencias a la creación y al ojo en el Rig-Veda, una colección de textos de himnos de la India que datan del segundo milenio antes de Cristo. Se hace mención frecuente de que el Sol y otras deidades son ojos en el cielo que nunca se cierran porque su misión es reunir conocimiento y destruir el mal. Incluso hace miles de años, las personas conocían y entendían la importancia del ojo de Dios—no estaban solas y confiaban en la providencia de su dios.

Desde el principio de los tiempos, la humanidad ha necesitado ayuda para superar los desafíos mortales y otras formas de desaliento que impiden que las personas crean en un Creador. Los pueblos andinos creían que los ojos de Dios siempre estaban sobre ellos para que pudiera ayudarlos en tiempos difíciles. En el antiguo registro judío, el profeta Zacarías escribe sobre las dificultades que los hebreos encontraron mientras reconstruían su templo en Jerusalén: "Porque los que menospreciaron el día de las pequeñeces se alegrarán, y verán la plomada [herramienta] en la mano de Zorobabel. Estos siete son los ojos del Jehová, que recorren hacia toda la tierra", (Zacarías 4:10, NIV).

Los supervisores estaban preocupados por el lento progreso ("el día de las cosas pequeñas"), pero Zacarías sugirió que se regocijaran al ver la reconstrucción en la mano de su gobernador con "esos siete", los "siete ojos de Dios", un término utilizado para describir la naturaleza de Dios que todo lo ve. Zacarías creía que Zorobabel y los demás podían hacer muy poco sin la protección vigilante de su Padre Celestial. Del mismo modo, en 2do Crónicas, Esdras escribe: "Porque los ojos del Señor se extienden por toda la tierra, para fortalecer a aquellos cuyos corazones están plenamente entregados a él", (2 Crónicas 16: 9, NVI).

Estas líneas declaran que los ojos del Señor ven continuamente por la tierra, observando a todos sus hijos sin distinción. También parecen sugerir que muchas personas aceptan las enseñanzas de Dios simplemente como recordatorios útiles. Pero aquellos que los toman en serio y buscan inspiración o ayuda divina se regocijarán cuando se conviertan en receptores de la providencia de Dios.

Los antiguos andinos consideraban que el ojo era un símbolo del gran poder de Dios — la capacidad de ver y conocer todas las cosas para castigar a los pecadores y bendecir a los justos. Citando de nuevo a Zacarías, "El Glorioso me ha enviado contra las naciones que os han saqueado — porque el que os toca, toca la niña de sus ojos", (Zacarías 2:8, NVI). Esas últimas palabras muestran lo importante que es la raza humana para Dios. Las personas necesitan reconocer ese tierno amor, reflexionar sobre la providencia y misericordia de Dios, y actuar en consecuencia.

El ojo en la lámina de oro

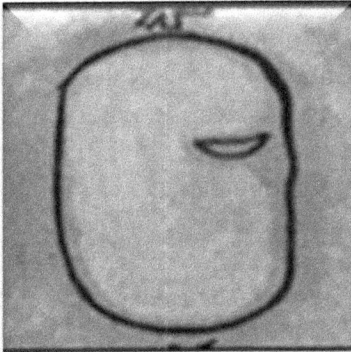

Esta imagen simple de un ojo se encuentra en la sección media superior de la lámina. El ojo derecho en el perfil tiene varias interpretaciones. El hogar en el cielo donde Dios reside y vela por sus hijos terrenales. Algunas fuentes sugieren que un solo ojo representa la omnisciencia de Dios.

Contrariamente a los ojos en las Líneas de Nasca y el petroglifo Konkan, este ojo es parte de una cara. Cobo notó que los andinos creaban perfectas imágenes de animales y vegetales, pero las imágenes con forma de humanos tenían expresiones horribles (46). En la historia del Perú, Cobo elogió el ingenio andino para buscar algo que pudieran respetar y confiar (6). Describió las tallas hechas en piedras que eran tan pequeñas como un dedo para que la gente pudiera llevarlas como un recordatorio de sus veneraciones (46). Hoy en día, las personas pueden usar una cruz en un collar para declarar su creencia en el sacrificio de Cristo. Asimismo, desde la antigüedad, las personas han tallado imágenes o símbolos de su dios en piedras que podían llevar para recordarlo siempre.

¿Por qué las expresiones horribles? Una razón podría ser que creían en la inmortalidad del alma; sabían que Dios tenía el poder de condenar su alma, y era mejor temer a Dios que al mundo. En China, el famoso monasterio Shaolin tiene esculturas grotescas en la entrada para alejar a sus enemigos. Los andinos llevaban pequeñas piedras con un ojo como un objeto de protección para ellos.

El pueblo andino sabía que Dios creó a los humanos a su imagen. Esta es una de las razones por las que el ojo de la lámina de oro es parte de una cara. El "ojo" de Dios vio la transgresión de los primeros padres. Después de que Adán y Eva comieron del fruto prohibido, "Entonces fueron abiertos los ojos de ambos, y conocieron que estaban desnudos; entonces cosieron hojas de higuera, y se hicieron delantales", (Génesis 3: 7). Adán y Eva tenían una vista perfecta. Como cuidadores del Jardín del Edén, se les había advertido que no comieran fruto del árbol del conocimiento del bien y del mal, pero no sabían cómo sería la muerte como consecuencia de su desobediencia. Después de esa desobediencia, el manto de la inocencia fue levantado de sus ojos. Ya no llevaban halos, porque sus cuerpos inmortales y perfectos ahora eran mortales. Sus ojos espirituales, sin embargo, se habían abierto, y entendieron el significado de la oposición en todas las cosas, como la inocencia y la culpa, el bien y el mal, la tristeza y la felicidad.

Hace más de 3.000 años, la región andina consideraba el ojo como un símbolo de profecía. Garcilaso escribe que el pueblo andino creía en profecías. Los nativos consideraban que el Inca Viracocha era un oráculo. Profetizó que después de que un cierto número de ellos hubieran reinado, personas nunca antes vistas vendrían a ese país y los privarían de su religión y su imperio (305). Esta profecía se cumplió con la llegada de los españoles.

En la batalla contra el mal, estos antiguos andinos encontraron formas de prevalecer. Blas Valera fue uno de los pocos misioneros profundamente interesados en la religión andina y pudo discutirla con ellos en su propio idioma. Recuerda haber visto ciertas piedras que un andino, Melchor, les mostró y este compartió con él y su compañero los ritos y ceremonias de su pueblo (Blas Valera, 1968, p. 154-155, 169).

Otros emblemas religiosos

El ingenio es uno de los atributos que los seres humanos tienen. Milenios antes de los teléfonos celulares, las culturas antiguas crearon pinturas, cerámicas, textiles y tallados en roca que retrataban los rostros.

Los andinos llevaban piedras negras, blancas y de colores que habían tallado para representar a su dios. Sosteniendo estos, oraron por salud, larga vida y prosperidad.

La mayoría de estas piedras tenían una cara con un ojo abierto. Otros tenían formas de animales, como una llama o un gato montés. Además de guardar las piedras talladas con ellos como un objeto recordatorio de la protección de Dios, los antiguos los dejaron como ofrendas en lugares altos y cerca de ríos y tumbas. Cobo presumió que los andinos no sabían por qué tenían estas imágenes porque nunca le dijeron lo que representaban (45). Lo más probable es que los indios no quisieran compartir lo que consideraban sagrado porque sabían que los españoles pensaban que sus creencias provenían del diablo.

Cobo enumera una variedad de títulos y cualidades que le daban a su Dios en sus peticiones. Mientras oraban, lo llamaban: "Creador sin igual; Oh más feliz, afortunado Creador; Tú que tienes compasión de los hombres; Tu pueblo aquí a quien has dado vida; Respóndeme y consiente mi súplica; o No percibamos ni pensemos en cosas malas y dañinas", (119-120). Para estas personas, Dios era un creador, un Padre bueno, feliz y compasivo, un oyente, un dador y un personaje de poder que les puede ayudar con sus peticiones.

Los antiguos oraban más fervientemente cuando estaban a punto de viajar, ya sea para peregrinaciones, negocios, comercio o simplemente para visitar a familiares. En el camino, oraban en pequeños altares hechos de roca y concreto y dejaban ofrendas pidiendo protección a Dios. Cobo describe cómo había muchos templos y santuarios donde la gente dejaba sus muestras de afecto a su dios (48).

Esta práctica de ofrendas repetidas no se limitaba a América del Sur; también se ha encontrado evidencia de sitios y prácticas similares en América Central y del Norte, incluso en los Estados Unidos. A continuación, se muestra una breve lista de personas que encontraron estas piedras talladas y dejaron comentarios en un sitio web igual a artsology.com:

"Encontré una piedra con un ojo abierto y otro cerrado", (Norte de California).

"He encontrado muchos, ojalá supiera el significado de estas piedras", (East Texas).

"Encontré cientos de estas caras caminando por los ríos; No puedo comprender el hecho de que un humano hizo este trabajo en tantas piedras en todos los estados. Desconcertante y cuestionable. Creo que se hicieron por una creencia muy profunda", (este de Idaho).

"He encontrado una roca con un ojo abierto. Me gustaría recibir información sobre esto", (Kentucky).

"He encontrado miles de tallas de piedra y efigies", (Georgia).

"He desenterrado mil rocas, me gustaría obtener algunos comentarios", (California).

"Tengo muchas piezas de arte rupestre, emocionado de saber quién las hizo", (Indiana).

Los nativos han utilizado rocas para representar o recordar eventos importantes desde el principio de los tiempos. En el antiguo registro hebreo, Adán eligió arrodillarse y orar ante una gran roca. Abraham usó un altar de roca para sacrificar a Isaac. Después de la larga lucha de Jacob con el ángel y finalmente recibiendo una bendición y el nuevo nombre de Israel, Jacob marcó el sitio con piedras. De hecho, Jacob reunió y apiló piedras para marcar cada hito en su vida. Los estudios muestran que algunas de estas rocas peruanas pueden fecharse entre 2000 a.C. y 400 d.C. Algunos todavía están en buenas condiciones.

Alce Negro también vio o sabía de piedras similares. Informó que Crazy Horse (Caballo Loco) llevaba una piedra sagrada que lo protegía (Neihardt, 53).

Uno se asombra sobre el significado del ojo en el camélido en Toro Muerto, las Líneas de Nasca, la Lámina de oro y muchas de las rocas talladas que se siguen encontrando.

La gente separó estas dos cosas: la obra de Dios por un lado y su imagen por el otro. Enseñaron que Pachacamac dio vida al universo, pero no lo conocieron porque nunca lo habían visto (Garcilaso, 70). La gente sólo conocía las obras de Dios. Solo tallaron una línea para un ojo porque no podían describir a Dios por completo. Aun así, sus oraciones demuestran que creían en un Dios que podía revelarles sus misterios.

Cerámicas con un tercer ojo

También se ha escrito mucho sobre un tercer ojo — el concepto abstracto de un ojo invisible en la frente, indica que la persona tiene una mayor capacidad para ver las cosas como realmente son y rara vez es engañado.

En el registro judío, leemos: "La luz del cuerpo es el ojo; si tu ojo es único, todo tu cuerpo estará lleno de luz" (Mateo 6:22). Esta luz es el tercer ojo: la conexión cerrada entre el espíritu de uno y el Espíritu Santo.

Resumen

El pueblo Nasca creó el glifo del ojo como un recordatorio de que su dios los estaba cuidando desde el cielo. Creían que Dios podía ver sus aflicciones y ayudarlos. Sabían que Dios usaba otros "ojos" (mensajeros, por ejemplo) para ayudar a dirigir a las personas en los cuatro rincones del mundo. La imagen del tercer ojo (no vista en las Líneas de Nasca) sugiere que algunas personas podrían desarrollar un discernimiento espiritual más allá de lo que los ojos naturales pueden ver. También significaba que las personas tenían la capacidad de diferenciar entre el bien y el mal.

Dos manos

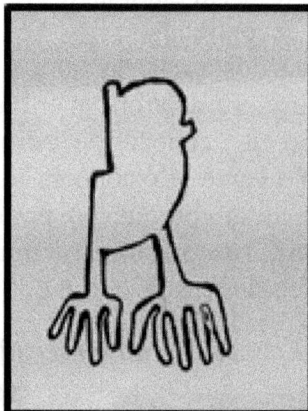

Este geoglifo se encuentra junto a la figura del árbol. Aunque a primera vista la imagen se asemeja a un pájaro pequeño con pies muy grandes, los antropólogos y arqueólogos no están de acuerdo con la idea del ave, pero están de acuerdo en que son dos manos. La mano a nuestra derecha tiene un dedo extra y parece estar ligeramente elevada por encima de la izquierda. Ambos se parecen mucho a la porción de la raíz del glifo del árbol. Manos similares— una completa y elevada y la otra con solo cuatro dedos— también se encuentran en el glifo del mono.

Cobo escribe sobre la mano con cinco dedos que los peruanos sostenían como símbolo de Dios. Los andinos consideraban al Creador el único Dios verdadero (6). Los atributos de su dios han sido abordados en capítulos anteriores. Estuvieron de acuerdo en que sus creencias provenían de sus antepasados y no podían romperse (9). Los pueblos andinos compartieron con Cobo que sus antepasados del primer período creían en un dios omnipotente con perfecto poder y es el Creador.

Los pueblos andinos dijeron que no había nada al principio. Poco a poco, los seres vivos fueron colocados en la tierra, y fueron hechos del polvo o de arcilla (Cobo, 12). Los antiguos pueblos andinos tenían esta oración: "Oh Creador sin igual, estás en los confines del mundo, diste vida y valor a la humanidad, diciendo 'Que haya hombre' y para las mujeres, 'Que haya mujer'; ¡las hiciste, las formaste y les diste vida para que vivan sanas y salvas en paz y sin peligro!" (Cobo, 120). Los antiguos conocían sobre los primeros padres de la humanidad, Adán y Eva. En su oración, le pidieron a su dios que tuviera compasión y se apiadara de la gente (120). La mano de cuatro dedos representa la lucha de los humanos por sentirse completos. Los indios sentían que tenían todo lo que necesitaban siempre y cuando tuvieran a Dios a su lado.

El glifo tiene un cuerpo por encima de las dos manos y es de dos partes. La parte superior tiene dos líneas, una en la parte izquierda en forma de "n" y está vinculada a la mano de cuatro dedos, mostrando que los espíritus que no se rebelaron en el cielo tuvieron la bendición de experimentar la vida mortal. La línea a la derecha de la "n" tiene una forma de silbato que representa la expulsión de la tercera parte de espíritus en el cielo. La línea después del pito representa la creación de la tierra. En la Lámina de oro, en el petroglifo de Konkan, y en Toro Muerto, vemos líneas como pitos que son similares a la línea en el lado derecho donde los malos espíritus salieron del cielo.

Toro Muerto: Mano derecha tiene 5 dedos y la izquierda 6

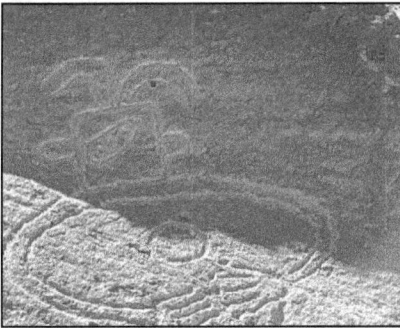

Cobo explica que los indios creían en una primera y segunda causa. Su teoría era que si Dios creó a todos los seres vivos (primera causa); Dios también puede hacer que su creación viviera de nuevo (segunda causa). Sin la primera causa, no podría haber una segunda causa. Sin Dios, no habría una creación o una resurrección. Para los indios esta era una declaración verdadera, pero los españoles tuvieron dificultades para entender esta verdad, tal vez por falta de fe (11). Aunque las personas fueron creadas a imagen de Dios, Dios era perfecto, todopoderoso y más sabio que los humanos. Esta creencia está en línea con el símbolo en el que Dios tiene más dedos o poderes.

Garcilaso se refiere brevemente al ave corequenque, un nombre de ave del primer período (374). A pesar de no recordar el significado del nombre de esta ave especial, los incas del siglo XVI continuaron practicando la religión de sus primeros antepasados. En su ceremonia, solo al rey y la reina se les permitía usar las plumas del ave; esta ceremonia se realizó en memoria del primer hombre y la primera mujer (375).

La mano de cuatro dedos en el glifo de Nasca representa a Adán y Eva en el Jardín del Edén. Los andinos del primer período lo sabían, pero, así como olvidaron el significado de corequenque, las generaciones posteriores también olvidaron muchas enseñanzas originales de su religión. Establecer firmemente que los incas sabían acerca de Adán y Eva cambia completamente la opinión comúnmente aceptada de que la religión Inca era cultural en lugar de ser divinamente inspirada por Dios.

El pueblo inca no tenía una comprensión completa de muchos puntos de su religión y continuamente la explicaba como comenzando con sus propios antepasados. Cuando los andinos posteriores mencionaron a sus primeros antepasados, se refirieron a personas que respetaban a la primera mujer y al primer hombre que habían venido del cielo y vivían solos. Estos, por supuesto, serían Adán y Eva, representados por la mano de cuatro dedos en el glifo de dos manos. El explorador y autor español Sarmiento registra haber escuchado a los andinos hablar de alguien que "creó a los hombres a su semejanza como son ahora; y vivían en tinieblas", (29). Los indios aparentemente hablaban de Adán y Eva; la "oscuridad" debe referirse a no poder diferenciar entre el bien y el mal o a su exilio del Jardín del Edén a un mundo lúgubre.

El glifo de las dos manos también ilustra el uso del lenguaje de señas en condiciones donde el habla era menos efectiva. Las naciones nativas americanas usaban el lenguaje de señas en las llanuras cuando la distancia o las condiciones climáticas hacían que el habla fuera ininteligible. Los signos con las manos también se usaban en la narración de cuentos, en ceremonias religiosas y por los sordos. Un punto importante sobre el lenguaje de señas es que la mano izquierda no es dominante, y la palma mira hacia arriba para recibir instrucción divina. La mano derecha que es la dominante está por encima de la mano izquierda; así como en el glifo de las manos.

Alce Negro tuvo muchas visiones. En uno de ellos, se le dijo que tenía el poder del Gran Espíritu, pero sentía que necesitaba comunicarse con Él, mientras miraba hacia el oeste, para entender el poder (Neihardt, 113). La actitud de reverencia de Alce Negro por lo que es sagrado se mostró cuando miró hacia el oeste, donde las naciones nativas americanas creían que Dios moraba con los espíritus de sus antepasados.

Adam & Eve

Los detalles del glifo de las dos manos en las Líneas de Nasca describen la comunicación entre Dios y Adán y Eva. La mano con cuatro dedos y la palma hacia fuera representa haber recibido un cuerpo. Con las manos vacías (desnudas), las manos limpias (inocentes) y las manos pequeñas (dependientes de Dios), Adán y Eva fueron colocados en el Jardín del Edén. "Entonces Jehová Dios formó al hombre del polvo de la tierra y sopló en su nariz aliento de vida, y fue el hombre un ser viviente. . . Tomo, pues, Jehová Dios al hombre, y lo puso en el huerto de Edén, para que lo labrara y lo guardase", (Génesis 2:7, 15, RVR). Los indios creyeron que los primeros seres vivos fueron colocados en la tierra, y fueron hechos del polvo o de arcilla (Cobo, 12).

Dios instruyó a Adán para supervisar el Jardín y dar nombres a todo lo que vivía allí y obedecer sus mandatos. "Y mando Jehová Dios al hombre, diciendo: De todo árbol del huerto podrás comer, más del árbol de la ciencia del bien y del mal no comerás; porque el día que de él comieres, ciertamente morirás", (Génesis 2:16-17, RVR). Tentada por la serpiente, Eva comió el fruto prohibido porque el diablo le dijo que llegaría a ser como Dios, sabiendo tanto el bien como el mal. ¿Por qué fue más importante para Eva diferenciar lo bueno de lo malo que pasar penurias?

Cuando Adán participó del fruto, ambos vieron a la serpiente por lo que era. Ellos entendieron su mala intención y ya no eran inocentes ni inmortales. En la imagen de Nasca, la mano a nuestra izquierda representa seres mortales, y la mano de la derecha, colocada predominantemente arriba, dedos más grandes y extendidos, representa a Dios. Los artistas de Nasca querían enfatizar la diferencia de estatus entre los seres en el Jardín: hombre mortal y deidad inmortal.

El dibujo de Nasca de dos manos enfatiza la diferencia entre Dios y los primeros padres de la humanidad. La nación Zuni de los indios norteamericanos explicó la diferencia en una forma más poética: "Con el poder [de Dios] de cambiar sus formas, así como el humo cambia en el viento, eran cambiados el padre y la madre de los seres del alma". Los Zuni entendieron que Dios primero dio forma física a los espíritus de Adán y Eva al respirar el aliento de vida en Adán y más tarde, debido a su desobediencia, cambió su inmortalidad con una bocanada de viento. Las dos manos simbolizan a Dios reprendiéndoles por su desobediencia.

El pueblo Nasca deliberadamente dibujó una mano con cuatro dedos para enseñar las consecuencias de su cambio físico. El líder espiritual Alce Negro aprendió en su visión la responsabilidad que Dios le dio a Adán y Eva. Explicó que, en el vientre de la mujer, el espíritu se hace carne. La pluma de águila en el cabello de la mujer representa la sabiduría, la belleza y el bien que proviene de caminar de una manera sagrada. El hombre lleva sobre su espalda a la nación para tratarla con sabiduría y bondad. Detrás del poder de vida de la mujer está el poder del hombre para alimentar, cuidar y proteger a la mujer y a los niños (130). Alce Negro debe haber conocido algunas de las similitudes entre su visión y la religión cristiana porque dudaba en disparar a un soldado blanco (166). Alce Negro sabía que los soldados tenían un libro con las mismas enseñanzas que él aprendió en su visión sobre Adán y Eva, Dios y la raza humana. Los nativos norteamericanos sabían que Dios le dijo a la mujer que daría a luz a niños con dolor y le dijo al hombre que comería su alimento con el sudor de su frente.

El glifo de las dos manos representa la separación de la raza humana de Dios y la oportunidad para que los espíritus inmortales habiten en cuerpos mortales que estarían expuestos a la alegría y el dolor. Alce Negro también habla de una visión de los espíritus esperando bajar a la tierra (27). Vio no sólo los rostros de los espíritus que esperaban experimentar la vida mortal en la tierra, sino también lo que le sucedería a la raza humana después de esta vida mortal. Vio a sus parientes muertos y que todos ellos eran hermosos y jóvenes, no viejos ni niños, pero todos eran de una edad (154). Alce Negro entendió tanto la inmortalidad del alma después de la muerte y si habían sido buenos irían al paraíso.

Libre de elegir e Inmortalidad

Cobo escribe que los pueblos andinos creían en la inmortalidad. Después de la muerte, la persona que ha sido buena, disfrutaba de las bendiciones del paraíso (19). ¿Se pueden usar casualmente las palabras persona buena sin admitir que los andinos tenían reglas que obedecer para ser buenas personas? Al igual que Alce Negro, parecían saber que necesitaban poner las leyes de Dios primero, seguir sus instrucciones y hacer ofrendas de agradecimiento.

Tanto las naciones nativas americanas como los pueblos andinos entendieron las consecuencias de la transgresión de la primera pareja. Garcilaso escribe que al final de la vida mortal, las almas se separan. Las almas buenas tienen una vida de felicidad y satisfacción, y las almas malas tienen una vida atormentada (84). Los pueblos antiguos conocían del albedrío moral y las consecuencias de sus decisiones. Los andinos odiaban a los reptiles porque representaban al diablo que los había engañado. Sin embargo, creían que volverían a vivir después de la muerte, y por esta razón, necesitaban obedecer las leyes. Garcilaso continúa, explicando cómo la doctrina de los indios incluía la inmortalidad del alma y la resurrección del cuerpo (85). Los antiguos también sabían cómo se dividirían los buenos y los malos después de la resurrección.

Las dos manos son el clímax en la interpretación de las Líneas de Nasca. He leído informes de ADN de personas sudamericanas que indicaban que sus antepasados provenían del Medio Oriente. Estos antepasados sabían acerca de la creación, Adán y Eva, el diluvio, la inmortalidad del alma y la resurrección o condenación de las almas, por lo que es posible que trajeran registros antiguos con ellos. Hay varios puntos en común entre el registro judio y el simbolismo en las Líneas de Nasca. En el año 700 a.C., Isaías le dice a su pueblo: "No harán mal ni dañaran en todo mi santo monte; porque la tierra será llena del conocimiento de Jehová, como las aguas cubren el mar... Asimismo acontecerá en aquel tiempo, que Jehová alzará otra vez su *mano* para recobrar el remanente de su pueblo . . . Y secara Jehová la lengua del mar de Egipto; y levantara su *mano* con el poder de su espíritu sobre el rio, y lo herirá en sus siete brazos [corrientes], y hará que pasen por el con sandalias", (Isaías 11: 9, 11, 15; énfasis agregado, RVR). En el capítulo 11, Isaías asegura a su pueblo que, una vez que la gente de la tierra esté llena del conocimiento de Dios, el Señor recuperará a su pueblo: "He aquí que en las palmas de las *manos* te tengo esculpida; delante de mí están siempre tus muros", (Isaías 49:16; cursiva agregada).

La palabra mano se menciona a menudo en estos capítulos. También enseña que la tierra estará llena del conocimiento del Dios de Israel. Las personas tendrán la oportunidad de tener una comprensión completa del plan de Dios, de escucharlo y seguirlo. Uno puede maravillarse de la verdad de esta declaración cuando ve el elefante tallado en la India, el mural en Australia, el conocimiento de los nativos americanos antes de que se imprimiera la Biblia, y los códigos de las Líneas de Nasca que, durante más de dos milenios, han cubierto la tierra con su conocimiento de Dios.

Resumen

El glifo de las dos manos fue creado como un recordatorio de que Dios creó al hombre y a la mujer a su propia imagen. En el Jardín del Edén, los progenitores de la raza humana eran inmortales e inocentes. Pero después de ceder a la tentación del diablo, ya no podían ver a Dios, permanecer en el Jardín o morar en cuerpos inmortales. Sin embargo, siempre estuvieron libres de escoger. Dios les prometió comunicarse con ellos y bendecir a sus hijos de muchas maneras si eran obedientes.

El árbol

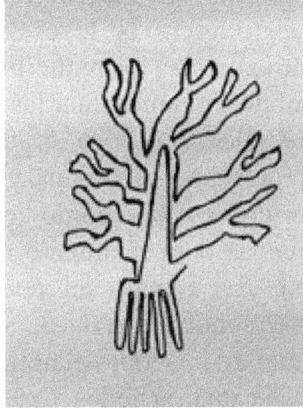

El glifo del árbol ofrece una gran cantidad de información. Ubicada entre el caimán y las dos manos, esta imagen es evidencia de que los antiguos pueblos andinos y costeños sabían que el árbol fue colocado en el medio y de lo que sucedió en el Jardín del Edén. Cada parte del diseño (raíz, tronco, ramas y ramitas) tiene un significado diferente. Las historias del árbol de la vida y el árbol del conocimiento del bien y del mal se encuentran en casi todas partes del mundo. Los mayas tienen un texto sagrado, Popol Vuh, que narra sus creencias sobre el árbol de la vida, que echó raíces profundas en el inframundo. Su tronco representaba el reino viviente, y sus ramas se extendían hacia el cielo.

La raíz

La raíz se parece a los cinco dedos de una mano conectados al antebrazo. Las raíces juegan un papel crítico en la salud de cualquier planta o árbol al succionar agua y nutrientes del suelo dentro de la planta. Los seres humanos también tienen una necesidad de agua y de alimentos saludables. La acción de la raíz sirve no solo a la planta sino también al suelo, que representa la organización social.

Algunas regiones peruanas mantuvieron las leyes antiguas del primer período mucho antes del dominio inca. Garcilaso explica que las leyes que muchas naciones estaban obedeciendo vinieron del primer período. Cuando los incas entraron en una nueva ciudad, instruyeron a la gente en las leyes incas hasta que se entendieron claramente. Algunos de ellos declararon que sus leyes eran mejores, y el rey Inca les permitió guardarlas (169-170).

La raíz es el punto de partida de la vida de un árbol. Las leyes son también el punto de partida de una sociedad. Parece que estas personas antiguas tomaron en serio las leyes de libertad y orden. Los incas hacían las leyes de acuerdo a los requerimientos de los tiempos (Garcilaso, 89). El árbol puede representar las leyes que Adán y Eva recibieron en el Jardín de Edén.

La raíz también representa el origen y la identidad de un individuo. Garcilaso escribe sobre cómo los indios adoraban a Pachacamac y sus ofrendas eran realmente muestras de su afecto hacia su Creador (78). Así mismo, el pueblo Nasca se sentía conectado con su dios y conocía la raíz de su existencia y origen espiritual. Este conocimiento era como el agua de la vida para ellos, y viajaron por la vida con cántaros llenos. Creían que recibían ayuda divina cuando alcanzaban grandes altitudes, poniendo a prueba su condición física, fuerza y energía. Cultivaron y ejercieron facultades racionales para enriquecer sus vidas y promover la civilidad en su sociedad al compartir sus aprendizajes y prácticas espirituales como lo habían hecho los tíos maternos del historiador, Garcilaso.

Alce Negro también vio manos en su visión y compartió cómo se usaban las manos para orar. Los abuelos, Alce Negro, y los jinetes de los caballos sostuvieron sus manos con las palmas hacia afuera para orar (105). Del mismo modo, los andinos rezaban con sus palmas hacia afuera. La raíz en la figura de Nasca también representa la mano mirando hacia afuera para mostrar la importancia de la oración.

Alce Negro aprendió el poder de la oración y luego usó este conocimiento para pedir ayuda divina para destruir al hombre azul en el lago llameante. Alce Negro también recibió la hierba de entendimiento, y cuando la hierba golpeó la tierra, creció y fluyó hacia los cielos; Todas las criaturas lo vieron, y no había lugar de ignorancia (27). Incluso cuando la nación estaba muriendo de hambre, frío y cuando se vieron obligados a abandonar sus tierras, las oraciones en sus ceremonias les dieron fuerza para soportar una desbastadora persecución. En la reserva, Alce Negro continuó enseñando a su gente a vivir una vida buena en circunstancias desafortunadas.

Desde el principio, la humanidad ha entendido la importancia de las raíces fuertes para evitar que un árbol se caiga. En Perú, Inca Viracocha dio consejos a las familias sobre cómo criar a los hijos.

Dijo que los padres a menudo son responsables de que sus hijos se arruinen con excesiva dureza o sean malcriados al criarlos con un exceso de atención y suavidad. El sistema adecuado es el balanceado para que sean fuertes y valientes en la guerra, sabios y prudentes cuando no estaban en la guerra (Garcilaso, 309). Para ser un miembro productivo en la comunidad, los progenitores ayudaron a sus hijos a aprender los valores fundamentales que establecería fuertes raíces en su cultura. Dondequiera que fueran en la vida, estos valores asegurarían que no vagaran sin rumbo.

Finalmente, los incas entendieron que sus raíces iban no solo a sus antepasados sino también hacia arriba a los cielos. Debido a este conocimiento, fueron cuidadosos y diligentes. Cobo escribe que los indios oraban bajando la cabeza y el cuerpo en humildad con las manos abiertas y las palmas hacia afuera (118). Los andinos eran reverentes y sumisos al reconocer a su dios. Mostraron su devoción y afecto extendiendo sus brazos y volviendo las manos limpias hacia Él como señal de que llevaban una buena vida.

El tronco

El tronco del árbol conecta la corona frondosa con sus raíces y proporciona estabilidad a las ramas. Esta base robusta permite que las ramas obtengan agua y nutrientes que permiten la producción de hojas, que finalmente alimentan al árbol. En la antigüedad, el tronco del árbol representaba la condición o el estado de una nación o individuo. Los árboles proporcionan oxígeno, mejoran la calidad del aire, conservan el agua, preservan el suelo, facilitan la mejora del clima y, en general, mejoran la calidad de vida de los humanos y los animales, así como su religión lo hacía. La forma triangular de las rocas (abajo) son similares al tronco del glifo del árbol que apunta hacia el norte o cielo. Estas rocas fueron hechas por civilizaciones antiguas para recordarles que miren hacia arriba, a su creador.

Caral, 3000 BCE   Machu Pichu   Ooparts, Japan   Toro Muerto

Como los troncos de los árboles tienen diferentes alturas, las personas también crecen a diferentes tamaños. El crecimiento humano principalmente depende del buen carácter y la calidad de vida, así como de la genética. En cuanto al crecimiento espiritual, aquellos con un comportamiento reprensible y que necesitan un cambio, escribe Garcilaso, confesarían sus pecados, lavarían sus cuerpos y mantendrían un ayuno riguroso (82). Como seres humanos conscientes, sabían cuándo habían cometido errores y habían causado dolor al inocente. Las confesiones se hicieron públicamente para buscar el perdón de la parte ofendida. Su ayuno también mostró arrepentimiento por causar sufrimiento físico o emocional. Parece que el propósito principal de sus vidas no era acumular objetos, sino desarrollar un buen carácter moral, aprender a socializar con los demás y mantenerse conectado con su dios.

Los nativos americanos también entendieron y defendieron estos principios morales. El jefe José, líder de la nación Nez Perce, compartió esto acerca de lo que su pueblo aprendió de sus antepasados:

> Nuestros padres nos dieron muchas leyes, que habían aprendido de sus padres. Estas leyes eran buenas. Nos dijeron que tratáramos a todos los hombres como nos trataban a nosotros; que nunca debemos ser los primeros en romper un trato; que era una vergüenza decir una mentira; que sólo digamos la verdad; que era una vergüenza que un hombre le quitara a otro su esposa, o su propiedad sin pagarla. Se nos enseñó a creer que el Gran Espíritu ve y oye todo, y que nunca olvida; que en lo sucesivo dará a cada hombre un hogar espiritual según sus acciones: si ha sido un buen hombre, tendrá un buen hogar; Si ha sido un hombre malo, tendrá un mal hogar. Esto lo creo, y toda mi gente cree lo mismo (Helen Howard, 37).

Los antepasados del jefe José no tenían la Biblia. Dijo que el Gran Espíritu enseñó a sus antepasados (a través de visiones, sueños y revelaciones, como en el caso de Alce negro), y compartieron su sabiduría con la gente. Tenían las pautas para vivir una vida buena y feliz. Lamentablemente, también dijo que su gente se olvidó de obedecer estas guías. Dejaron que el árbol de su nación muriera poco a poco.

Para que un árbol viva una vida muy larga, necesita alcanzar fuerza enfrentando muchas dificultades. Afortunadamente, el ecosistema proporciona a los árboles mecanismos de resistencia. Sin embargo, los árboles no tienen la capacidad de luchar contra invasores externos como plagas o fuego. A diferencia de los árboles, la raza humana tiene la capacidad de enfrentar tiempos difíciles, ya sean internos o externos. Los andinos aprendieron a confiar en su dios, Pachacamac, quien los ayudaría a llegar a la cima de la montaña con cargas pesadas en sus espaldas (Garcilaso, 78). Realizaban ofrendas como señal de gratitud y reverencia. Dejaron evidencias arqueológicas y artefactos que representan su grandeza y su devoción al dios que los ayudó con fuerza física y espiritual. El extremo del tronco apunta hacia el cielo o norte y representa el deseo que tenían en sus corazones de regresar a vivir con su Creador Supremo.

Árbol en la lámina de oro

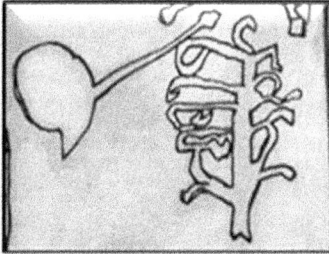

En la figura de la lámina dorada, el diseño del árbol es casi similar al glifo del árbol Nasca. Hay una burbuja vacía con un palo y una fruta al final. El palo se encuentra con una rama, lo que indica una conexión de algún tipo entre las dos imágenes. Esta frase del relato de Sarmiento Sobre la caída de Lucifer puede ser útil: "Taguapaca estaba blasfemando contra Viracocha por la forma en que fue tratado, y amenazando con que regresaría y se vengaría, fue tirado al lago y no fue visto de nuevo durante mucho tiempo", (29). La forma del círculo es el lago. El mango largo representa el surgimiento de Satanás viniendo del lago para vengarse y/o la serpiente que tentó a Eva con el fruto prohibido del árbol del conocimiento del bien y del mal. Una vez más, los historiadores cuestionaron por qué el católico convertido Pachacuti Yamqui mezcló lo que sucedió en el Jardín del Edén con la fábula andina del diablo que salió del lago.

Alce Negro

Alce Negro, líder espiritual de la nación Lakota, explicó el simbolismo del árbol en una visión que tuvo a la edad de nueve años. El Cuarto Abuelo presentó un palo rojo a Alce negro. El palo rojo es un símbolo del poder de restaurar la unidad y la felicidad de las personas (18). Alce Negro enseñó a su pueblo a evitar la oscuridad tratando de entender el plan de Dios para ellos para que todos pudieran crecer y florecer.

El autor John Neihardt pasó un tiempo considerable con el líder de la tribu Lakota y su gente y dijo que muchos lamentaban no seguir las enseñanzas de sus antepasados y esperaban la vieja forma de vida y que su antigua religión podría estar con ellos nuevamente (151). El palo rojo brillante que venía del cielo representaba su antigua religión, simbolizando el "camino rojo" que se suponía debían recorrer los Lakota (nunca el "camino negro"). Alce Negro recordó repetidamente a su pueblo que era su deber enseñarse unos a otros a caminar por el buen camino de una manera agradable a su dios porque el camino rojo conducía a la salud y la felicidad. Les dio agua, como símbolo, de una copa de madera para que sus pies conocieran el buen camino, o el sendero de la rectitud, que conduce a la felicidad (128–129).

El árbol era plantado en el centro de la comunidad nativa americana. El árbol en el Jardín del Edén también se colocó en el centro y era un símbolo central de la ley de Dios. "Y Jehová Dios hizo nacer de la tierra todo árbol delicioso a la vista, y bueno para comer; también el árbol de vida en medio del huerto, y el árbol de la ciencia del bien y del mal", (Génesis 2:9, RVR). En las Líneas de Nasca, el glifo del árbol también está en el medio, entre las manos y la figura del caimán. En todos estos lugares, el árbol simboliza las primeras leyes dadas a los hombres: "Eres libre de comer de cualquier árbol en el jardín; pero no debéis comer del árbol de la ciencia del bien y del mal, porque cuando comáis de él ciertamente moriréis", (Génesis 2:16–17, NVI). Aun así, Adán y Eva participaron del fruto prohibido, quebrantando la ley de Dios. Después de su exilio del Jardín, Adán hizo una ofrenda a Dios y más tarde enseñó a sus hijos a recordar a Dios y hacer ofrendas para mostrar su obediencia.

En 1589, Mancio Serra, uno de los últimos conquistadores españoles, escribió un testamento dirigido al rey Felipe II de España informando al monarca que, finalmente, deseaba descargar su conciencia. Declaró que encontraron el Imperio Inca en tal estado que ni siquiera había un ladrón, un hombre vicioso u ocioso, o una mujer adúltera o inmoral: toda mala conducta estaba prohibida. Deseaba que el rey entendiera que habían transformado la sociedad de los indios en un gran desorden moral (Garcilaso, xxviii).

Los registros de sus leyes, ordenanzas y ceremonias se mantuvieron en los quipus de Nasca y de otras regiones, hechos con cuerdas de colores que anudaban para preservar los relatos, la historia y las leyes del pueblo. Los colores y el número de nudos les dirían lo que estaba prohibido según sus leyes y la pena aplicada a aquellos que violaban las leyes (Garcilaso, 333). Entonces, el tronco del árbol en las Líneas de Nasca representa las leyes de los pueblos antiguos que les ayudaban a llevar una vida ordenada.

Las ramas

Esta imagen del corazón invertido se asemeja un poco a un árbol con ramas y ramitas. A través de las venas y arterias, el corazón envía sangre fresca por todo el cuerpo, suministrando oxígeno y nutrientes a los tejidos y eliminando el dióxido de carbono y otros desechos. Los troncos, ramas y hojas de los árboles hacen lo mismo en el entorno natural.

Hay siete ramas en el glifo del árbol. Cada rama tiene dos ramitas. Según Alce Negro, las ramas representan la comprensión de las leyes de Dios (27). Una vez más, la gente de Nasca pensó mucho en tallar glifos con instrucción religiosa específica. Los estudios antiguos indican la importancia de los números, en rituales, arquitectura y artes visuales como los glifos, para ayudar a las personas a recordar conceptos espirituales.

El número siete es significativo en varias culturas. La nación Cherokee tiene siete creencias:

1. Unetlanvhi es el creador de todas las cosas.
2. Las señales, visiones, sueños y poderes son todos dones de los espíritus.
3. Esté atento y recuerde seguir las instrucciones para recibir bendiciones como comida, salud y prosperidad.
4. Por cada enfermedad producida por animales, las plantas tienen la cura para terminar con el sufrimiento.
5. La gente bajó a la tierra desde el cielo.
6. Uyaga, un espíritu maligno de la tierra, se opone a las fuerzas de lo correcto y la luz.
7. Uno debe orar por guía para recibir bendiciones y protección contra el espíritu maligno.

Siete es un número digno de mención en la religión judía. Los hombres judíos ortodoxos usan una correa (Tefilín) alrededor de su brazo con siete vueltas y luego recitan siete escrituras específicas (de Deuteronomio 6-8), algunas de las cuales son similares a las creencias cherokee:
1. El Señor te sacó de Egipto con su poderosa mano.
2. Ama al Señor tu Dios con todo tu corazón, alma y fuerza.
3. Enseñe a sus hijos estos mandamientos.
4. El ojo del Señor está continuamente sobre ti desde el principio de los años hasta su fin.
5. Sé fiel.
6. Ten cuidado o serás atraído a alejarte y adorar a otros dioses.
7. Recuerda estos símbolos en tus manos.

El número siete es significativo en todo el registro judío. "En seis tribulaciones te librará, Y en la séptima no te tocará el mal", (Job 5:19, RVR). Esta escritura afirma que las personas tendrán seis pruebas principales en sus vidas, y estas pruebas son relevantes para su fortaleza moral. Para la séptima prueba, las personas se vuelven lo suficientemente fuerte como para no ser engañadas más y lo dejan a Dios quien por seis veces les ayudó.

La nación Hopi creía en siete canciones de la creación, refiriéndose a las siete etapas del desarrollo humano, respectivamente. La comprensión de los Hopi de siete es que representa la ley natural. Como un árbol, el hombre es un organismo vivo. Él existe tanto en el tiempo como en el espacio y en los ciclos temporales y espirituales.

Finalmente, en la versión King James de la Biblia, Génesis 33: 3 dice: "Y él [Jacob] pasó delante de ellos [su familia] y se inclinó a tierra siete veces, hasta que llegó a su hermano [Esaú]". Jacob se inclinó siete veces para mostrar completo arrepentimiento, respeto y perfecta rendición a su hermano, y Esaú aceptó el arrepentimiento de Jacob por tomar su derecho como primogénito. Jacob era un hombre con poder, era rico y con más prosperidad que Esaú, pero Jacob también era un hombre espiritual que había hablado con Dios y aprendió a ser un hijo sumiso de Dios.

Dos ramitas

El número dos puede simbolizar tanto la unidad como la oposición. Dos personas con un solo propósito. En algún momento, la gente tiene que elegir entre dos opciones igualmente buenas. Por otro lado, ciertas opciones claramente parecen ofrecer opuestos: alegría o dolor, salud o enfermedad, paz mental o inseguridad. Casi siempre, los seres humanos tienen la libertad de elegir su camino. Y a veces estas elecciones son difíciles: el dolor, la angustia o la inseguridad a corto o largo plazo — si se combinan con la fe, la obediencia y el trabajo duro —pueden conducir a una gran felicidad.

Lo que uno no siempre puede controlar son las consecuencias de sus elecciones. La gente de Alce Negro, por ejemplo, finalmente optó por no seguir ni sus leyes ni su religión y fueron exiliados de su tierra natal. La inclusión de ramitas en el glifo del árbol es significativa, ya que a veces son las elecciones aparentemente menores las que conducen a problemas más serios que uno nunca imaginó.

Resumen

El pueblo Nasca talló la imagen del árbol para recordarse a sí mismos el significado de la vida. Sabían que el plan de Dios era ayudar a sus hijos a crecer a través de experiencias personales de angustia y alegría, fracaso y éxito, tristeza y felicidad —al hacerlo, desarrollarían fortaleza y aumentarían el amor por su dios, por sí mismos y por la raza humana. Como individuos conscientes, uno puede crecer tanto en mente como en espíritu. El progreso, por lento o rápido que sea, es el resultado final.

El caimán

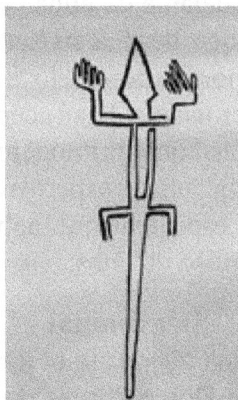

En las Líneas de Nasca, el glifo del caimán (también llamado cocodrilo o lagarto) se encuentra al lado del árbol. Una mirada más cercana muestra que la pata delantera derecha del lagarto está rota y separada de su cuerpo. También le faltan los pies, y esto es intencional. El caimán fue colocado junto al árbol que representa al árbol de la vida y al árbol del bien y el mal. Tiene la cabeza en dirección del noreste como si tuviera la intención de regresar al cielo. Pero el reptil fue maldecido. Cobo explica lo que los andinos sabían sobre este reptil. Los indios tenían un nombre para el diablo: zupay. Sabían que el diablo era un espíritu maligno, engañador de la gente, y tenía alguna deidad en él (168).

Desafortunadamente, Cobo no compartió más detalles del extenso conocimiento que los antepasados andinos habían recibido mucho antes. Pero aprendimos que una de las estrellas de la mañana o un ser celestial (Taguapaca, zupay, cupay) fue desterrado del cielo. El caimán también representa la estrella caída o el diablo.

El pueblo Nasca sabía que la intención del reptil era tentar a Adán y Eva y a la raza humana. Su única intención era asustar a la gente, crear dudas y causar daño. Como engañador, dice mentiras: no hay cielo, ni resurrección, ni Dios, ni amor, ni misericordia, ni consecuencias por el pecado, ni necesidad de arrepentirse o confesar, y no hay necesidad de escuchar la supuesta palabra de Dios. Los andinos sabían que el diablo venía del cielo, donde se había familiarizado con sus debilidades, y le temían, así como temían al reptil.

Según los Nasca del primer período, se había preparado un lugar para el diablo y sus seguidores. Los indios creían que los malos iban a Cupaipa Huacín, que significa "la casa del diablo". Este inframundo que se llamaba infierno, que estaba lleno de dolor y sin remisión ni consuelo (Garcilaso, 84). El reptil no sería perdonado; por lo tanto, nunca recibiría el don de la remisión. Tanto Cobo como Garcilaso entendieron y explicaron lo que los andinos sabían sobre el reptil que tentó a Adán y Eva: era una deidad caída, un espíritu maligno, un engañador de personas y un alma condenada sin esperanza de redención.

Konkan

El cocodrilo en el petroglifo de Konkan ha tenido sus pies cortados (sin dedos de los pies) como parte de una maldición. Los hindúes cuentan la historia de Gajendra, un gran rey en una vida anterior y reencarnado como un elefante que vivía en un jardín sin ningún cuidado en el mundo. Un día, cuando Gajendra fue al lago a recoger flores de loto, no se dio cuenta del agua fangosa ni vio al cocodrilo (también un rey en una vida anterior) que lo atrapó por la pierna. Durante mil años, Gajendra trató de escapar de las garras del cocodrilo.

Finalmente, cuando estaba a punto de morir, Gajendra oró al dios Vishnu para que lo salvara y presentó un loto como ofrenda. El dios Vishnu se apresuró a ayudar a Gajendra y decapitó al cocodrilo.

Hoy en día, los hindúes todavía ofrecen las oraciones de Gajendra diariamente. El lagarto (o cocodrilo) dentro del petroglifo del elefante tiene sus extremidades inferiores cortadas, y el simbolismo es similar al de la figura del caimán de Nasca. Gajendra representa a la humanidad, el cocodrilo es el pecado y el agua fangosa son los vicios del mundo en que vivimos. El mensaje es simple: las preocupaciones, los deseos mundanos y los pecados del mundo son similares a la amenaza de un cocodrilo que se aprovecha de una persona indefensa. Para no quedar atrapados en el barro, las personas terrenales necesitan orar diariamente para que puedan mirar más allá del estado temporal y someterse al Ser Supremo. El reptil es otro símbolo compartido por las culturas antiguas.

Toro Muerto

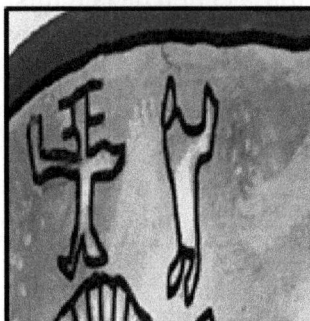

Este petroglifo incluye dos figuras. A diferencia de las Líneas de Nasca a 563 kilómetros al sur, estas imágenes son solo dos de los aproximadamente 5,000 dibujos tallados en roca volcánica. La figura de la derecha está arrodillada con la cabeza hacia el cielo y las manos levantadas mientras ora a una deidad en un lugar más alto. La figura de la izquierda es la única talla que parece tener tanto el brazo derecho como la pierna deformados o rotos.

Los antiguos andinos sabían de la maldición del reptil. Cobo escribe que los indios consideraban las serpientes y víboras en un hogar como un mal presagio (175). La serpiente fue castigada con una maldición de arrastrase y comer del polvo de la tierra (Genesis 3:14-15, RVR)

Intaglios de Blythe

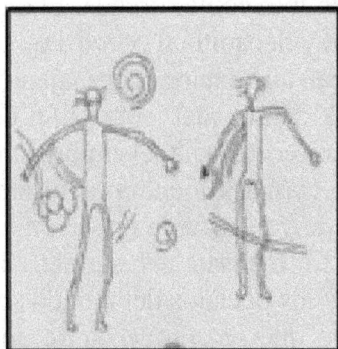

Al igual que las Líneas de Nasca, Konkan y Toro Muerto, estos dibujos en el desierto de Blythe, California, muestran al enemigo de la raza humana. Estos se hicieron removiendo rocas de lava y exponiendo el suelo más claro. Los Intaglios son arqueologías más recientes, datan de 450 d.C. años de antigüedad, y la figura humana más grande mide 52 metros, de pies a cabeza. Según Lorey Cachora, arqueólogo y líder de la nación Quechan, "Los intaglios se utilizan para la práctica religiosa. Había hermanos gemelos en el momento de la creación de las luminarias. Uno era un ser bueno y el otro un ser malo que tiene una línea que cruza la rodilla y un brazo roto. Estamos hablando sobre el mundo positivo y negativo como la forma negativa y positiva de nuestras vidas", (entrevista de 2005 por Josh Bernstein, explorador, antropólogo y presentador de la serie de Canal de Historia, Excavando por la verdad).

El arqueólogo David S. Whitley ha investigado intaglios y geoglifos por muchas décadas. "El paisaje de los intaglios es un terreno sagrado para los Quechans donde realizan sus ceremonias religiosas. Los relatos históricos y contemporáneos de los nativos americanos de por qué se hicieron los intaglios y cómo se usaron en sus ceremonias, nos dan una idea de que la gente los hizo por tradiciones religiosas, y ese es un buen lugar para comenzar una investigación . . . Los intaglios muestran a un creador de los seres vivientes, la deidad Mastamho", (entrevista de Bernstein, 2005). Whitley está seguro de que los intaglios de Blythe representan la creación, así como las Líneas de Nasca. Igualmente, no hay evidencia de rituales violentos en ambos lugares sagrados.

Resumen

Uno puede ver que la posición física de cada símbolo importa. El glifo del caimán fue creado como un recordatorio del poderoso enemigo tanto de Dios como de la humanidad. Fue mientras Adán y Eva esperaban que Dios regresara al Jardín que Lucifer (estrella caída, serpiente, reptil) los tentó. Parece que Dios permitió que Lucifer entrara en el Jardín del Edén para probar la obediencia de Adán y Eva. La imagen del caimán recordó a las personas que deben ser conscientes de los constantes intentos del diablo para evitar que ellos regresen al cielo.

La espiral

La espiral en las líneas de Nasca se encuentra en el lado noroeste debajo del glifo del ojo. En realidad, hay muchas espirales en el desierto de Nasca. El pueblo Nasca dibujó líneas en espiral y cavó agujeros en espiral. Hace más de 2.000 años, construyeron cientos de agujeros o acueductos en espiral, aunque solo treinta siguen funcionando. Estos agujeros son un extenso sistema de acueductos subterráneos que proporcionan agua dulce al extraer aire hacia el sistema subterráneo.

Cobo escribe sobre la espiral que vio en el templo de Pachacamac. La gente del primer período construyó el altar del templo en forma de espiral. El primer nivel tenía 12 metros de ancho, el segundo era más pequeño; El sexto nivel superior se elevó 4 metros más alto y era más pequeño que el quinto nivel en ancho (86). La parte superior de la espiral servía como una torre que representaba el vínculo entre el norte y el sur, o, simbólicamente, el cielo y la tierra. En su visión, Alce Negro escuchó a la Gran Voz decir que el aro de la nación era sagrado ya que era interminable, como una espiral (22).

Los arqueólogos han notado que el glifo en espiral fue diseñado para representar una creencia religiosa. La espiral representa el camino que toman los espíritus para dejar su hogar celestial y recibir un cuerpo de carne y huesos. El útero de una mujer consiste en capas redondas de músculo, tejido y vasos sanguíneos, incluida la capa muscular exterior, la capa muscular media (responsable de las contracciones) y dos capas internas de arterias espirales. El diseño de las espirales de Nasca indica que el origen es desde el interior y refleja que cada ser humano está interiormente ligado a Dios tanto en cuerpo como en espíritu y vivirá de nuevo.

Torre espiral Maya en Coba, México

El glifo espiral también significa la vinculación de los miembros de la familia a través de las relaciones parentescos, así como el ADN. Cobo explica la razón de esta costumbre tal como le dijeron los andinos. Los indios solo estaban preocupados por la muerte de sus padres, abuelos, bisabuelos, etc. No estaban preocupados por la muerte del hermano del padre. Dijeron: "Si no fuera por esa persona, no habría nacido", y mostraron un gran respeto en las ceremonias de entierro de sus padres (42). Los pueblos andinos se interesaron mucho en su linaje directo para formar un círculo de regreso a su dios.

Adicionalmente, algunas personas pueden recordar su propio nacimiento. Estos recuerdos se explican por la función del hipocampo, una estructura cerebral crucialmente involucrada en la formación de la memoria. La amígdala, que se encuentra junto al hipocampo, también juega un papel fundamental en la memoria y es madura en la infancia. "Un papel con el que estamos muy familiarizados... es la de un valor emocional. Si hay una experiencia emocional, la amígdala parece etiquetar esa memoria. . . para que se recuerde mejor", (Jon T. Willie, MD, PhD).

Muchos estudios científicos han examinado los recuerdos formados en el útero que aparentemente persistieron después del nacimiento. Su conclusión es que los fetos pueden aprender. He leído muchos artículos de personas que comparten recuerdos tempranos de su nacimiento:

"Nuestro hijo nos asustó cuando era pequeño, diciéndonos que lo primero que recordaba era una ventana blanca que se abría y un hombre que lo alcanzaba. Nació por cesárea, desconocido para él en ese tiempo".

"Le he estado diciendo a la gente durante años que recuerdo haber nacido. Todos piensan que estoy loco. Recuerdo que me aplastaron, luego vi las luces brillantes y vi la silueta de un hombre agarrándome, pero no tenía miedo de la voz".

"Él es quien me trajo a la Tierra', dijo el niño, señalando [una foto de] su abuelo que había fallecido antes de que él naciera".

"Recuerdo haber mirado a través de la delgada piel blanca de mi madre. El piso tenía baldosas blancas y negras. Vi mujeres y hombres vestidos de blanco. Estaban haciendo ruido. Entonces sentí que estaba atravesando un túnel de diferentes formas. Vi gente sonriendo. Su tamaño y formas eran desproporcionados. Supongo que mi visión estaba empezando a ajustarse".

La nación Mohawk compartió su conocimiento de que los niños vinieron del cielo en este proverbio: "Recuerda que tus hijos no son tuyos, sino que te son prestados por el Gran Espíritu". Alce Negro vio rostros infantiles en nubes de personas que aún no habían nacido en su visión (Neihardt, 22, 27). Estas declaraciones muestran que los bebes son seres consientes antes del nacimiento.

El Camino Inca cuenta con una antigua escalera de caracol de piedra, ubicada a unas tres millas por delante de Machu Picchu. Algunos visitantes se refieren a ella como una escalera al cielo. Otras personas han compartido sentimientos acerca de subir una escalera de este tipo desde un lugar oscuro. Al ascender, podían ver la luz en la entrada, representando esperanza y oportunidad. Tal escalera también puede representar el nacimiento, una emergencia desde el útero oscuro a la luz del día.

En el antiguo registro judío, la espiral del nacimiento se compara con una escalera. "Y [Jacob] soñó, y he aquí una escalera puesta en la tierra, y la parte superior de ella llegó al cielo. . . Y he aquí, el Señor se puso sobre ella, y dijo. . . la tierra sobre la cual te encuentras, a ti te la daré, y a tu simiente. . . y en ti y en tu descendencia serán benditas todas las familias de la tierra", (Génesis 28:12–14, KJV). La escalera es una metáfora, por supuesto, pero como una espiral o una escalera, indica un camino claro para que los espíritus no nacidos se unan con sus cuerpos físicos.

Las líneas del glifo espiral también podrían representar el cordón umbilical. El escritor mestizo Garcilaso escribe que los médicos indios cortaban la longitud de un dedo del cordón umbilical del bebé, y cuando cayó, las madres los conservaron con gran cuidado. Cuando un bebé estaba enfermo, lo succionaba y mejoraba (121). Hoy en día, las propiedades curativas del cordón umbilical son bien conocidas. Es rico en células madre que pueden transformarse en todo tipo de células sanguíneas, que luego se pueden usar para tratar enfermedades como la leucemia, la anemia de células falciformes, ciertos tipos de cáncer y algunos trastornos metabólicos. Es interesante e impresionante saber que, miles de años antes de la medicina moderna, los médicos andinos reconocieron el valor medicinal de esta espiral particular de tres capas.

Otra interpretación para el glifo espiral es que el mundo está hecho de círculos. Alce Negro explica que todo es en círculos porque se dieron cuenta de que el poder del mundo funciona en círculos. Sus antepasados les enseñaron que su poder provenía del aro sagrado, y cuando siguen sus enseñanzas, florecen. Él describe el cielo como redondo, así como la tierra. El sol y la luna salen y se ponen de nuevo en un círculo, como las estaciones vuelven de nuevo y la vida del hombre es un círculo de la infancia a la infancia (Neihardt, 121). El aro representa el círculo interminable de la vida y la conexión de las personas con Dios en todo el mundo. La danza del aro es una oración religiosa en la que toda la raza humana puede encontrar conexión con el lugar sagrado en la creación de Dios. Esta enseñanza nativa parece apoyar la cita bíblica: "Yo soy el Alfa y la Omega, el principio y el fin, el primero y el último", (Apocalipsis 22:13, NVI).

En el registro judío, el profeta Jeremías escribe: "La palabra del Señor vino a mí: Antes de formarte en el vientre, ya te había elegido; antes de que nacieras, ya te había apartado; Te había nombrado profeta para las naciones", (Jeremías 1:4-5, NVI). Jeremías aprendió que Dios lo conocía antes de nacer; que sería fiel y que sería llamado a predicar el arrepentimiento al pueblo judío.

Job también alude al círculo de la vida. "Pero como las chispas se levantan para volar por el aire, así el hombre nace para la desdicha" (Job 5:7, RVR, 1995); "Vida y misericordia me concediste, y tu cuidado guardó mi espíritu" (Job 10:12, RVR); "El que en el vientre me hizo a mí, ¿No lo hizo a él? ¿Y no nos dispuso uno mismo en la matriz?", (Job 31:15, RVR).

Ambos profetas, Jeremías y Job, escribieron sobre la identidad de la raza humana, cuyo origen estaba en el cielo y cuyo espíritu finalmente regresa allí. "Todo lo hizo hermoso en su tiempo; y ha puesto eternidad en el corazón de ellos, sin que alcance el hombre a entender la obra que ha hecho Dios desde el principio hasta el fin", (Eclesiastés 3:11, NVI). Además, a cada espíritu eterno Dios le ha dado un cuerpo físico con una vida limitada, pero con acceso a inspiraciones divinas.

Resumen

El glifo en espiral fue dibujado para recordar a la gente su origen celestial y su identidad. Al igual que las líneas de latitud en la tierra, la existencia etérea no tiene principio ni fin.

Toro Muerto

Konkan

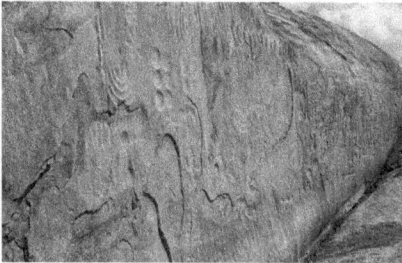

Este petroglifo de ballena de 40 metros de largo se encuentra en Paraiba, Brasil. El petroglifo de 4 metros de altura tiene un espiral, un árbol, una estrella, un reptil y otros símbolos similares a las Líneas de Nasca. Los arqueólogos coinciden en que los símbolos de este petroglifo son de origen fenicio.

El buitre

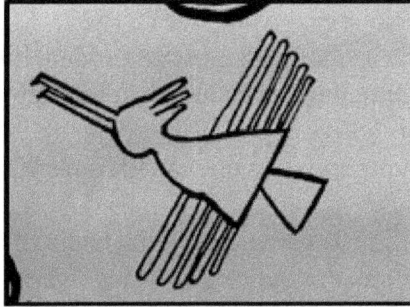

El glifo del buitre se encuentra debajo de la espiral. Muchas culturas antiguas veían al buitre como un símbolo de muerte. En Egipto, el ave era importante porque eliminaba el hedor y la podredumbre. En Grecia, la gente consideraba a los buitres como pronosticadores de muerte. Aunque muy veneradas en el hinduismo, en la India, las aves están a punto de extinguirse debido al uso generalizado de ciertas drogas en el ganado. Para los nativos americanos, el buitre representa sabiduría, paciencia y fuerza porque las aves usan la energía de manera eficiente mientras esperan varios días para que un animal moribundo tome su último aliento.

Los buitres juegan un papel importante en el ecosistema. El nombre científico del ave, cathartes aura (que significa "purificador dorado"), habla de su propósito de purificar el espacio y el medio ambiente. Es la única ave con ácido estomacal tan corrosivo que puede digerir con seguridad a los animales que mueren de enfermedades como el cólera, el ántrax y otras epidemias, todas las cuales son mortales para otros animales de presa. Los buitres son también la única ave que puede detectar la muerte tres días antes de que un ser vivo muera. Un carroñero que rara vez ataca a animales sanos, el buitre usa su pico para abrir el cadáver y luego come las entrañas descompuestas.

Garcilaso describe la capacidad única del buitre para comer animales muertos. Los indios llaman a los buitres suyuntu. Los buitres encuentran animales muertos en el campo y son aficionados a la carne y muy codiciosos porque comen mucho. Cuando son perseguidos, vomitan para aligerarse y despegar (521). La capacidad del buitre para comer animales podridos y dejar las calles limpias continua entre los pueblos andinos.

"Son incomestibles e inútiles, excepto para limpiar las calles de basura. Por esta razón, no son asesinados, incluso cuando se puede hacer fácilmente. No son aves rapaces", (522). Los nativos andinos conocían el valor de los buitres en su comunidad, limpiando las calles de cualquier cosa que pudiera causar una epidemia. Por lo tanto, la figura del buitre simboliza el proceso de dejar atrás una vida mortal y sus fragilidades y entrar en una nueva vida sin enfermedad, trabajo o envejecimiento.

A diferencia del glifo garza que vuela hacia el norte, el buitre se dirige hacia el oeste donde, según Alce Negro están todos los parientes fallecidos y él y su gente oraban con las manos levantadas hacia el oeste. En su visión, vio un hermoso día, cielo azul y tierra verde con gente hermosa y joven. En este lugar, no había niños ni ancianos, pero todos tenían aproximadamente la misma edad (Neihardt, 154). No es sorprendente que el buitre represente la muerte.

En el primer periodo de la cultura Andina, los habitantes enterraban a sus muertos con la salida al este. "Las puertas de todas ellas miran hacia el este, y estas puertas son tan pequeñas y estrechas como la puerta de un horno, porque es imposible entrar a través de ellas sin tocar el pecho contra el suelo", (Cobo, 248). El pueblo Nasca y todos los grupos alrededor enterraron a sus muertos mirando hacia el este donde ellos creían que su salvador nacería y moriría por ellos.

Rituales para los muertos

El pueblo andino conocía la composición física de los seres humanos. Los amautas incas [maestros] enseñaban que las personas estaban compuestas de cuerpo y alma y que el alma era un espíritu inmortal (Garcilaso, 84). También sabían que la parte más importante de sus cuerpos, el espíritu, continúa viviendo. Creían que cuando una persona muere, su espíritu regresaba al cielo para descansar con su Padre, el Sol (Garcilaso, 57).

La foto adjunta fue tomada en el Cementerio Chauchilla en Nasca. Los peruanos del primer período (2500 a.C.) tenían un ritual de entierro después de la muerte. Cuando una persona moría, la familia tomaba el cadáver y lo enterraba con las cosas que más le gustaba. Hay cadáveres con pelo rojo, rubio y negro; y todos los cadáveres están sentados mirando hacia el este lo cual nos informa que esta población vivió cientos de años antes de Cristo. Los andinos del segundo período enterraron a sus muertos mirando hacia el oeste.

Los parientes adornaban y enterraban a sus muertos con gran cuidado (Cobo, 39). La gente tenía un sistema establecido y una ceremonia de cómo realizar el entierro con honor y respeto (Cobo, 19).

Cobo explica que los pasos dados como parte de la ceremonia son estrictos. Creían que el mundo espiritual de los difuntos era parte de este mundo, pero no lo podemos ver, y había dos lugares en este mundo espiritual: un lugar feliz para aquellos que habían sido buenos y un lugar de aflicción para aquellos que habían sido malos (19). La comida fue dejada en las tumbas por familiares y amigos como una ofrenda en honor de los muertos (20). Los familiares dejaron comida y otras cosas no para sus muertos, sino para sostener a quienes cuidaban la parcela de entierro (40). El cuidado de sus muertos dio a la gente la esperanza de unirse a ellos después de esta vida y también templó la tristeza de su separación temporal (20). El pueblo andino enseñó que el mundo espiritual no estaba lejos de ellos.

Del mismo modo, Alce Negro enseñó a su gente sobre el respeto a sus parientes muertos. Tenían a sus parientes muertos en tan gran honor que preferían morir con honor que avergonzar a sus parientes fallecidos (Neihardt, 137). El pueblo Nasca también tenía un sistema de creencias sobre la vida después de la muerte. Los espíritus recibían un lugar de honor y recompensa o castigo (Cobo, 19).

Comparable a la visión de Alce Negro de sus parientes muertos y el relato de Cobo de las antiguas creencias andinas, el antiguo registro judío también proporciona información sobre lo que sucede después de la muerte. La respuesta aparece después de la crucifixión de Cristo. La primera persona a la que Jesús habló después de su resurrección fue María Magdalena, diciendo: "No me toques; porque aún no subido a mi Padre; más ve a mis hermanos, y diles:

Subo a mi Padre y a vuestro Padre; a mi Dios, y a vuestro Dios", (Juan 20:17 RVR). Jesús no fue a su Padre inmediatamente después de su muerte en la cruz. ¿Dónde estaba entonces antes de la puesta del sol del viernes hasta el domingo por la mañana?

El apóstol Lucas escribe: "Y uno de los malhechores que fueron crucificados arremetió contra él, diciendo: Si eres Cristo, sálvate a ti mismo y a nosotros. Respondiendo el otro, le reprendió, diciendo: ¿No temes a Dios, viendo que estás en la misma condenación? Nosotros, a la verdad, justamente padecemos, porque recibimos lo que merecieron nuestros hechos; más este ningún mal hizo. Y dijo a Jesús: Señor, acuérdate de mí cuando vengas a tu reino. Y Jesús le dijo: De cierto te digo: Hoy estarás conmigo en el paraíso", (Lucas 23:39–43, KJV). El criminal arrepentido que reconoció a Jesús como el Salvador no podía ir al cielo porque nada impuro va allí. Aun así, Jesús le aseguró al criminal que estaría en el paraíso con él. Allí, Jesús enseñó a los espíritus muertos la verdad de todas las cosas. Parece entonces que Jesús fue a un lugar paradisíaco en el mundo de los espíritus, mientras que el que no se arrepintió fue a una prisión espiritual.

El mundo de los espíritus

Los antiguos andinos también entendieron que su vida después de la muerte se pasaría en el paraíso espiritual o en la prisión espiritual y recordaron a su gente que hiciera el bien para poder ir al paraíso, un lugar de espera antes de la resurrección.

Los sacerdotes y maestros indios enseñaban y exhortaban a la gente a menudo para persuadirlos a ser buenos. Creían que los muertos buenos disfrutaban de la dicha celestial (Cobo, 19).

Garcilaso señala que las antiguas naciones andinas creían que el mundo espiritual era un lugar de espera. Los indios enterraban a sus muertos sentados y los vestían con sus mejores ropas porque creían que todos los que nacían debían vivir de nuevo (84). Estas personas antiguas creían en una resurrección. Los enterraban sentados para que pudieran levantarse pronto de sus tumbas. También sabían a dónde los buenos espíritus iban después de su resurrección. Tenían un nombre para el mundo superior, Hanan Pacha. Este lugar está lleno de personas virtuosas que viven una vida tranquila, libre de trabajos y cuidados (84).

Según las enseñanzas de Nasca, después de la resurrección, la gente tendría una vida excelente: sus cuerpos inmortales ya no estarían sujetos al hambre, la enfermedad o la muerte. Sin embargo, Cobo escribe que la mayoría de los indios creían que el Creador tenía comida y bebidas listas para sus parientes muertos (20). Aquellos descendientes que sabían sobre las acciones de sus parientes muertos no intercedían por las almas de ellos porque si estuvieran en el cielo, no tenían necesidad de ello, y si estuvieran en el infierno, no les haría ningún bien (21).

Alce negro vio detrás de él largas filas de fantasmas de personas, abuelos y abuelas sin número (Neihardt, 22). Los fantasmas que vio eran espíritus que esperaban su tiempo para resucitar y vivir de nuevo.

Según Alce negro, el paraíso era un lugar hermoso, el aire estaba limpio, una luz viva estaba en todas partes, estaba rodeado de campos verdes y animales de todo tipo estaban dispersos por todas las verdes colinas. También vio a dos hombres vestidos con camisas sagradas que le dijeron que aún no era hora de ver a su padre muerto que estaba feliz en ese lugar porque Alce negro tenía trabajo que hacer (Neihardt, 152).

Otra persona que Alce negro sabía que había visto el mundo de los espíritus era su primo, Caballo Loco. El padre de Alce Negro le contó sobre la visión que Caballo Loco había tenido sobre el mundo de los espíritus. El mundo espiritual está detrás del mundo presente y ese mundo es real, y este mundo es una sombra de ese mundo (53).

Resumen

El pueblo Nasca creó la figura del buitre para recordarles que la muerte es solo un estado temporal y los espíritus van a un lugar donde esperan por una resurrección. Este lugar de espera es el mundo espiritual dividido en dos grupos, las almas afligidas (en prisión) y las almas felices (en el paraíso). Entendieron que vivirían de nuevo y recibirían su recompensa por las virtudes del amor, la obediencia y el sacrificio, viviendo en descanso eterno en el cielo donde residen Viracocha y su Padre Pachacamac. Permítanme compartir una experiencia familiar. Hace muchos años, mi hermano estaba luchando por su vida en la sala de emergencia. Tuvo una visión del mundo espiritual. Estaba en un ascensor, y cuando se abrió la puerta, vio a mucha gente vestida de blanco, y el lugar estaba lleno de luz. La gente estaba feliz y socializando. De repente, la puerta se cerró y se despertó en la sala de emergencias.

El loro

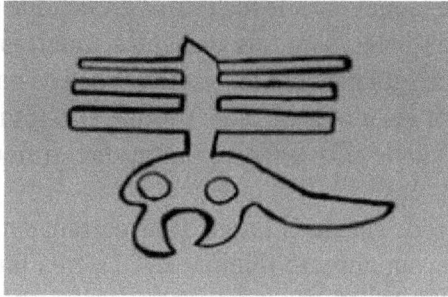

El glifo del loro mide 200 metros de largo. Los loros son considerados una de las aves más inteligentes debido a su increíble memoria y su capacidad para imitar sonidos y palabras. Algunos incluso pueden contar y diferenciar formas.

Situado en el área central este de los glifos, el pájaro de arriba parece estar volando cabeza abajo desde el cielo. Los ojos grandes significaban vigilancia, verdad e iluminación. Los ojos grandes y redondos se muestran en los antiguos artefactos egipcios. La boca abierta puede interpretarse como una invitación a la comunicación o posiblemente incluso una puerta al alma y la conexión con lo divino. La línea o borde de la boca es similar a la forma superior, "n", en el glifo de dos manos: viene del cielo o representa el cielo. El cuerpo del loro se extiende hacia arriba y la cola apuntan hacia el norte, hacia Dios. La cresta de plumas que ondea hacia nuestra derecha la identifica como una cacatúa y la cresta señala al glifo del cóndor bebé.

Las naciones nativas americanas tratan a las aves como la manifestación física de un ayudante espiritual también conocido como trueno o relámpago. En Saga del jefe José, la autora Helen Howard escribe sobre una experiencia espiritual que el jefe José tuvo mientras realizaba la ceremonia de la vigilia sagrada: un período prolongado de soledad, ayuno y oración requerido de cada niño Nez Perce. Cansado y débil por el ayuno, se durmió con la primera luz o estrella del cielo. Howard escribe lo que el joven Joseph le dijo a Tres Águilas, un hombre sabio, sobre su sueño con Trueno. Vio al Hombre del Trueno envuelto en una manta amarilla y le dio algo. Cuando el joven José se despertó, creyó haber visto a un hombre. Esta experiencia con una deidad llenó su corazón de paz y alegría.

Un sentimiento que solo vino después de la comunión con lo divino (40). Qué significativo es que, en períodos de tiempo claramente diferentes en Australia, Perú, América del Norte y otras partes del mundo, el Espíritu Santo fue simbolizado como trueno o relámpago. Debido a esta visión, el líder religioso le dio el nombre de 'Trueno Rodando por las Montañas' al jefe José.

En la religión y costumbres incas, el padre Bernabé Cobo escribe que cuando los indios escuchaban el zumbido de un búho o los ruidos de otros animales, creían que los animales les estaban advirtiendo de un mal inminente o la muerte (175). Cobo entendió el efecto que las aves tenían en los pueblos andinos. Incluso hoy en día, la gente cree que las aves tienen conocimiento de los eventos que se aproximan. Cuando éramos niños en Perú, solíamos salir cuando los mirlos hacían ruido para tirarles pequeñas piedras mientras gritábamos: "¡Contra! ¡Contra!" ("¡No malos augurios aquí!").

Los loros también pueden ser consoladores. He leído muchos artículos de personas que comparten sus experiencias con las aves. Una mujer recordó un momento en que había estado llorando durante mucho tiempo y escuchó a un guacamayo en su jaula fuera de su casa. El pájaro silbaba, cantaba y, en general, hacía muchos ruidos felices. Ella creía que el guacamayo estaba tratando de animarla y se sentía mejor por la atención o distracción que le proporcionaba. Los loros coloridos que aparecen en los sueños fueron interpretados como guías o consoladores para ayudar a las personas a manejar su vida diaria. Garcilaso señala que los andinos dejaron registros y recuerdos de sus actividades diarias en los diseños de aves que se encuentran en sus cerámicas, textiles y edificios.

Pero, ¿por qué la gente de Nasca elegiría un loro? Los científicos han planteado preguntas sobre esta imagen ya que, a diferencia del pelícano, no es un ave nativa de la costa. Garcilaso escribe que los loros se reproducen en los Andes. Los españoles los llamaron loros. En Potosí, había un loro que hablaba tan bien que solía llamar a hombres y mujeres por sus respectivas tribus y sin ningún error (525). Esta cita demuestra el conocimiento de los andinos sobre el loro como un ave con habilidades especiales, rasgos que se compararon con atributos divinos. Los antiguos Nasca conocían esta cualidad en los loros y su reputación de precisión.

Este loro de Nasca tiene la boca abierta, y el glifo del árbol está justo debajo. La posición de estos glifos sugiere al loro como un símbolo de un mensajero espiritual cuyo trabajo principal es ayudar a cada individuo en su viaje de regreso al cielo. Tal vez, en el Jardín del Edén, el loro pudo haberle dicho a Eva que, al participar de la fruta prohibida, ella y sus descendientes sabrían distinguir entre el bien y el mal. En el antiguo registro hebreo, Job escribe: "Pero pide a los animales, y ellos te enseñarán, o a los pájaros en el cielo, y te lo dirán", (Job 12: 7, NVI).

El loro en la lámina de oro

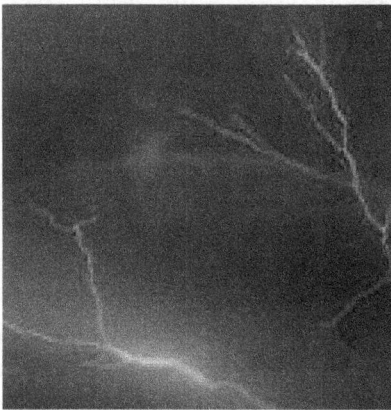

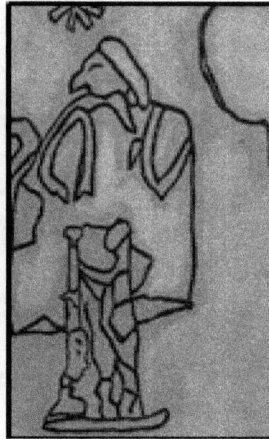

El loro representa el Espíritu Santo. El antiguo registro judío describe al Espíritu Santo como una paloma. "Tan pronto como Jesús fue bautizado, salió del agua. En aquel momento, el cielo se abrió, y vio al Espíritu de Dios descender como paloma y posarse sobre él", (Mateo 3:16, NVI). En la religión cristiana, el Espíritu Santo es considerado el tercer miembro de la Santísima Trinidad y es la voz que ayuda a la raza humana a discernir la verdad de la mentira. La trinidad —Dios, Jesús y el Espíritu Santo— tienen un propósito, que es ayudar a los seres terrenales a regresar al cielo.

María y el niño Jesús están representados en la parte inferior de la pierna derecha del loro en la lámina de oro. La cara de María está de perfil, y su hijo está metido debajo de su barbilla. Ciertamente, el pájaro tuvo un papel importante en el nacimiento de Jesús. Los arqueólogos aún no están seguros de por qué Pachacuti Yamqui incluyó estas imágenes en la pata del loro cuando se había convertido al catolicismo.

Las formas triangulares en la parte superior del cuerpo del loro representan las alas, y en ellas están los símbolos de trueno que también se encuentra en los dibujos de Toro Muerto y de Nourlangie Rock. Los andinos construyeron una habitación con paredes de oro para honrar al Trueno. Adoraban a este dios en tercer lugar, después de Viracocha y el Sol (Pachacamac). Lo describieron como un hombre santo en el cielo tan brillante como la estrella, con poder en sus manos para sacudir la tierra o el hombre. Está hecho de luz y puede hacer truenos y lluvia (Cobo, 32).

Es importante saber lo que el trueno, el Espíritu Santo, significó para los pueblos antiguos: Después de que la gente dijera lo que esperaban lograr en la ceremonia del trueno, la gente regresaría y les diría a los demás cómo el Trueno respondió a sus preguntas y sobre la decisión que debía tomar o cómo debía actuar (Cobo, 33). Cobo explica que esta costumbre era antigua y provenía de sus primeros antepasados, ya que no podían fabricar este artículo de fe en poco tiempo (37).

Aves en Konkan

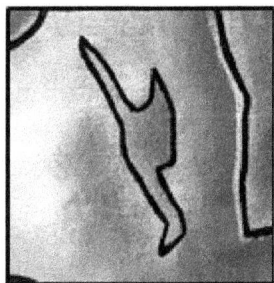

India tiene muchos mitos sobre las aves. Una especie famosa es el Garuda, un ave parecida a un águila que viaja al cielo para obtener un elixir de vida fuertemente custodiado para su madre enferma. De vuelta en la tierra, debe luchar contra sus enemigos, las serpientes, para llegar a su madre. En los mitos hindúes, los Garudas y los Nagas (serpientes) están en constante conflicto. Incluso se podría comparar con la buena voz pequeña o el silbido del mal tratando de influir en las mentes de las personas.

El loro también es un personaje importante en los mitos de la India. Los escritos sobre loros datan de hace 2.500 años. La especie era considerada sagrada y más inteligente que otras aves. Los registros antiguos mencionan la capacidad del loro para imitar el habla humana, enseñar valores morales, poseer percepción espiritual y predecir el futuro. La gente de la India que talló el elefante en Konkan sabía cómo su dios usaba ayudantes espirituales de tres maneras: para proteger a su hijo Krishna, para proteger a la gente de las serpientes o demonios, y para decir a la gente las cosas que debían hacer.

A mediados de la década de 1970, un loro muy inteligente nació en Florida, llamado Alex. No solo aprendió a repetir sonidos, sino que también fue capaz de comunicar pensamientos complejos. Reconoció cincuenta objetos diferentes y pudo identificar la cantidad de objetos sin ayuda. Entendió el concepto de tamaño, demostró razonamiento espacial básico y estaba desarrollando habilidades matemáticas más allá de contar. Pero lo intrigante de Alex es que reconoció cuando su dueña estaba molesta o frustrada y le decía que "se calmara". La gente de Nasca escogió al loro para representar al Hombre del Trueno o al Espíritu Santo porque sabían que estas aves podían hacer mucho más que simplemente imitar el habla. Al igual que otros seres espirituales, demostraron perspicacia y ofrecieron la verdad.

Según los registros hebreos, ¿cómo sabe una persona si ha nacido del Espíritu o si lo que escucha es verdad? "El viento sopla de donde quiere, y oyes su sonido; más ni sabes de dónde viene, ni a dónde va; así es todo aquel; que es nacido del Espíritu", (Juan 3:8, RVR). En cada caso, escuchar la voz del Espíritu es probablemente un proceso gradual. Las civilizaciones antiguas siguieron a líderes espirituales que les ayudaron a lograr el amor, la alegría, la paz, la tolerancia, la bondad, la fidelidad y el dominio propio. Tales experiencias espirituales dejan una impresión indeleble y duradera en el alma. Al igual que la historia de la mujer mencionada anteriormente que fue consolada por un loro, este tipo de experiencia no se olvida fácilmente.

Toro Muerto & el mural de Australia

Como se explicó anteriormente, las civilizaciones antiguas creían que las aves representaban al ayudante espiritual. Las figuras adjuntas fueron grabadas hace más de 4.000 años, y la forma de triángulo, un símbolo cultural utilizado en todo el mundo antiguo para significar un poder especial, aparece en los cuerpos superiores tanto del camélido (Dios) como del loro (Espíritu Santo). El loro también tiene un símbolo de rayo en su ala extendida. Debajo del vientre del camélido, un pequeño círculo identifica la semilla que pasará a través del loro y seguirá, a través de un camino retorcido, hacia un camélido hembra. El camélido hembra no se puede ver en esta imagen, pero la semilla aparece de nuevo en la esquina inferior derecha. Esta agrupación de figuras representa una profecía del nacimiento del Hijo de Dios por el poder del Espíritu Santo.

Una historia similar se representa en el mural del acantilado de Nourlangie en Australia. Namarrkon, el Hombre Relámpago, se muestra a la derecha. Está justo a la izquierda de Namondjok, el dios con la cabeza de pez. Su proximidad indica una fuerte relación entre Dios y el Espíritu que está tocando su pie. Usando uno de sus muchos poderes, el hombre Trueno expulsa un pez que gradualmente sigue un camino hacia la hembra de abajo. Tres peces más siguen el mismo camino, y juntos estos cuatro podrían muy bien representar las cuatro dispensaciones. El cuarto pez también tiene un pez pequeño en su vientre. Este pequeño pez puede simbolizar el nacimiento anticipado de un bebé de una mujer joven que ha quedado embarazada únicamente por el poder del Espíritu. Tal nacimiento también marcaría el final de la quinta dispensación. En la parte inferior del mural, doce hombres son testigos del profetizado nacimiento, vida y crucifixión de Cristo.

En las Líneas de Nasca, el loro (Espíritu Santo) se coloca a propósito entre la ballena (Dios) y el cóndor bebé. Será a través de él que Dios (la ballena) engendre al niño (bebé cóndor) nacido en un humilde establo. Además, es importante recordar que los pueblos antiguos usaron símbolos como el sol, la ballena para identificar a Dios y evitar el uso excesivo de su nombre sagrado.

Otras profecías de Cristo

Durante mi investigación, aprendí que más de cincuenta profecías del nacimiento de Jesucristo se pueden encontrar en el Antiguo Testamento. Alrededor del año 700 a.C., el profeta Isaías escribió muchos versículos sobre el Hijo de Dios, información que recibió en visiones, sueños y revelaciones, así como el pueblo Nasca más tarde recibió profecías. Tal vez el versículo más profético de Isaías se encuentra en el capítulo 9: "Porque un niño nos es nacido, hijo nos es dado, y el principado sobre su hombro; y llamara su nombre Admirable Consejero, Dios Fuerte, Padre Eterno, Príncipe de Paz" (v. 6, NVI).

El Espíritu Santo, simbolizado por el loro, jugó un papel muy importante en el nacimiento del Hijo de Dios. Los puntos en común entre culturas se encuentran en su arqueología religiosa. Cobo escribe que los indios creían que las personas especiales estaban marcadas por la naturaleza del Espíritu Santo o del trueno. Si una mujer declaraba que había quedado embarazada por la acción del Trueno sin que ningún hombre la hubiera tocado, le creían (44).

El camélido hembra en el petroglifo de Toro Muerto que se muestra en la parte inferior de la roca tiene un bebé en forma de hombre. Grandes gotas del ave con un rayo en sus alas se dirigieron hacia la madre.

Asimismo, hay evidencia de la similitud en la organización del mensaje con un petroglifo encontrado en el mundo antiguo. Los arqueólogos han podido descifrar los símbolos en el dibujo rupestre de Sinia. El mensaje está escrito en el antiguo registro hebreo.

Roca tallada (Sinia 375a, Egipto

"Y dijo Moisés a los hijos de Israel: Mirad, Jehová ha nombrado a Bezalel hijo de Uri, hijo de Hur, de la tribu de Judá; y lo ha llenado del Espíritu de Dios, en sabiduría, en inteligencia, en ciencia y en todo arte, para proyectar diseños, para trabajar en oro, en plata y en bronce, y en la talla de piedras, y en obra de madera, para trabajar en toda labor ingeniosa", (Éxodo 35:30-33, RVR). La imagen superior de la cabeza de un ganado se refiere a Dios, y el ganado más joven de la izquierda es Bezalel, el elegido. El ave es el Espíritu de Dios que guiará a Bezalel en sabiduría. El hacha de mano y otros artículos representan los trabajos que fue llamado a realizar. La montaña representa el lugar donde Dios le dio a Moisés la profecía.

Puntos en común entre las tallas de Toro Muerto y Sinia:
• El ave en ambos representa al Espíritu Santo.
• El Espíritu Santo representa el conocimiento y el acto de enseñar.
• Una escritura en forma egipcia similar aparece en las columnas izquierdas de ambos petroglifos.
• Las figuras humanas son similares.
• El camélido y el ganado están en la primera posición (arriba).

Resumen

El glifo del loro de Nasca recuerda a la gente que Dios ha enviado al Espíritu Santo para que lo represente y para guiar a sus hijos terrenales en sabiduría, susurrando en sus oídos y a través de sueños, visiones, revelaciones y registros de las Escrituras. La misión del Espíritu Santo también trata directamente con las profecías del nacimiento y las obras del Hijo de Dios.

La flor

El glifo de la flor se encuentra cerca al buitre. El gancho en la parte superior del tallo sugiere que esta imagen tiene doble uso, flor y azada de deshierbe. El pueblo Nasca creó estos glifos para representar muchas cosas. Cobo escribe sobre una herramienta agrícola llamada taclla, hecha de un palo tan grueso como la muñeca de una mano (213).

El maíz, ají, calabazas y otros vegetales eran los principales alimentos de Nasca y se podía plantar en casi cualquier lugar, por lo que no es de extrañar que este glifo tenga seis pétalos. Algunos textiles de Nasca tienen el diseño de la flor. La agricultura se practicaba como una labor de la comunidad andina y costeña llamado ayni, que significa reciprocidad. Las comunidades trabajaron juntas en sus chacras (tierras de cultivo) por el bien común. La tradición ayni sirvió a generaciones de pueblos como una expresión de respeto y apoyo cuando la comunidad (ayllu) trabajó conjuntamente en la tierra de una familia y luego esa familia se unió al grupo para ayudar a sus vecinos. Las tradiciones ayllu y ayni mantuvieron una cultura socioeconómica justa.

Pueblos tan lejanos como Lima, Ayacucho y otras regiones andinas fueron a Cahuachi con sus primeros cultivos para ofrecer a su dios. Luego estos alimentos fueron almacenados para ser usados en tiempos de emergencia. Se han encontrado vasijas de cerámica con rastros de comida, chicha morada y pequeños maíces morados.

Los pueblos antiguos construyeron terrazas circulares para la agricultura. Los científicos señalan que se encontraron muestras de

polen en la terraza de Moray, lo que muestra que los andinos comenzaron a cultivar plantas alrededor de 400 a.C., fecha científica. Desarrollaron alrededor de 3.000 tipos de papas comestibles y 150 tipos de maíz. Hay investigaciones en curso para aprender cómo lo hicieron. Esta terraza tiene 20 diferentes niveles de temperatura. En el nivel menos húmedo sembraron papas, y otras legumbres. En el área húmedo sembraron maíz, calabazas y ají. En el más húmedo sembraron frutas y vegetales. En el siglo XVI, la papa andina llegó a Europa y rápidamente ganó popularidad porque las papas eran fáciles de cultivar, lentas para echarse a perder y tenían mucho valor nutricional.

La forma rectangular junto a la flor también puede representar las terrazas. En las laderas que se inclinaron gradualmente, vemos grandes terrazas de hasta 200 pies de ancho (Cobo, 212). Los muros de piedra que los andinos construyeron para sostener la tierra y luego cómo extendieron la tierra uniformemente de una pared a otra. Las paredes de la terraza estaban hechas de piedra seca, y estaban cuidadosamente encajados (212). Los pueblos eran hábiles y concienzudos artesanos.

Cobo también explica cómo se hicieron los canales de riego. Los indios construyeron zanjas en tierras planas, a través de laderas, peñascos, rocas, losas empinadas y en altas colinas ásperas cuando no había otra manera de hacerlas (213). Muchos de los canales de riego siguen funcionando hoy en día. El cultivo en terrazas es también comúnmente utilizado en Asia por los países productores de arroz. Los estudios muestran que es una práctica agrícola de 2.000 años en Asia.

Los pueblos antiguos usaban estiércol de aves marinas para fertilizar el suelo. Los indios reconocieron el sustento de la Divina Providencia con las aves de la costa, la gran cantidad de peces y fertilizantes de estiércol de pescado que enviaban a regiones distantes y usaban como nutrientes para su cultivo. Sembraban lo que necesitaban, y no había necesidad de vender suministros

(Garcilaso, 247). La gente sabía cómo utilizar los recursos naturales. Con riego, fertilización y cuidado, el sistema agrícola proporcionó alimentos a su gente, y el excedente se almacenó para necesidades futuras.

La forma rectangular junto al glifo de la flor representa la tierra o un altar para mostrar su gratitud a su dios. Los pueblos andinos respetaban la tierra y los ríos. Llamaron a la tierra Pachamama, que significa "madre tierra", (Cobo, 34). Garcilaso describió las muchas organizaciones de trabajo para los hombres, desde labrar la tierra y construir canales de riego hasta fabricar instrumentos y calzado (45). Las mujeres tenían sus propias tareas, incluyendo hilar y tejer algodón y lana para hacer ropa para ellas y sus familias y ayudar a sus maridos en la granja o agricultura.

En general, el sistema agrícola andino fue manejado con alegría. Cobo escribe que los indios cantaban canciones alegres cuando araban. Uno comenzó el canto y los otros lo siguieron. Nunca perdieron el ritmo de su canto cuando golpearon el suelo con sus tacllas (214). Estas antiguas tradiciones construyeron comunidades fuertes.

Al igual que al mundo de hoy, las naciones antiguas tenían sus diferencias. Las más pacíficas tenían que proteger sus hogares y tierras de las tribus que optaron por no practicar las tradiciones agrícolas de sus antepasados, pero que se dedicaban al robo. Robaron a aquellos que eran industriosos, a veces matándolos en el proceso. En consecuencia, el Inca tenía una fuerza de hombres armados y equipados para defender a los agricultores contra cualquier atacante (Garcilaso, 45). Nasca también era una antigua nación de leyes. En Historia Cultural Andina, los autores Bennett y Bird describen los valles de Nasca y Acari como una región con un historial establecido de unidad religiosa, cultural y política.

La civilización andina también proveyó para los necesitados. Garcilaso informa que el Inca ordenó a los vasallos del imperio compartir sus alimentos y poseer su propia tierra basada en sus leyes (54). Los indios pensaban que los ancianos, enfermos, viudas y huérfanos tenían suficientes problemas propios, por lo que sus tierras fueron cultivadas por la comunidad, así como las tierras pertenecientes a los soldados. Los hijos de los muertos en la guerra fueron cuidadosamente criados hasta que se casaron (Garcilaso, 243).

Los antiguos conocían no solo el valor nutricional de sus alimentos, sino también las propiedades curativas de muchas hierbas. Garcilaso explica varios de estos en detalle. El *mulli*, que los españoles llaman molle. Esto tiene un efecto notable en heridas frescas. . . *Chillca* tiene un efecto maravilloso en las articulaciones si el frío entra en ellas. . . *Sairi,* lo inhalan como un polvo para despejar la cabeza. . . *Matecllu* es excelente para los ojos. . . Me lo contó un español, que juró que se había quedado completamente ciego con las cataratas y recuperó la vista en dos noches con esta hierba. . . Sara como un alimento sustancial [maíz] es de gran beneficio en enfermedades de los riñones, dolores en el costado, interrupción de la orina y dolores en la vejiga y colon. . . Los indios también lo usan como capas para muchas otras enfermedades (122).

¿Por qué una flor?

¿Por qué el pueblo Nasca hizo un glifo para representar sus actividades agrícolas? La flor representa el valor de trabajo de los pueblos en el primer periodo, que demostraron su entendimiento de a quién agradecer por su sustento. Garcilaso describe su comprensión de Dios como el proveedor del mundo con su luz que calienta a las personas y a los seres vivos, protege sus cultivos y multiplica sus rebaños (42). Tuvieron muchas ceremonias de acción de gracias. En los Andes, donde las heladas afectan la siembra, los indios tenían un festival, llamado Cusquieraimi, para ofrecer oraciones y sacrificios de corderos, ovejas y carneros al Sol para que no enviara heladas para dañar las plantas de maíz (Garcilaso, 412). Esta ceremonia se realizó como parte de un ritual en el que los andinos reconocieron el poder, el amor y el cuidado que recibían regularmente de su dios en el cielo.

El respeto y cuidado de la Madre Tierra fue otro de los valores de los primeros andinos. En América del Norte, la nación Kiowa abrazó una advertencia de "caminar ligeramente en la primavera; La Madre Tierra está embarazada". En América del Sur, la gente del primer período también respetaba a la tierra como la madre que da vida a toda la creación. Era importante para ellos vivir en armonía con todos los aspectos de su clima y entorno. El misionero Bernabé Cobo, a finales del siglo XVI, se maravilló de cómo los indios creían en un Creador universal de todas las cosas. También respetaban con igual reverencia las segundas causas como el agua, la tierra y muchas otras cosas que consideraban necesarias para la vida humana, y este fue siempre su principal interés (6).

Cobo explica que los andinos no sabían cómo o cuándo comenzaron sus actividades rituales (incluidas las tradiciones agrícolas). Infirió que debe haber sido muchos siglos antes porque la gente había construido tantas estructuras e instituido tantas ceremonias que muchas creencias y rituales deben ser anteriores al surgimiento de los incas en el siglo X.

Las naciones preincas también tenían leyes. El Imperio Inca adoptó algunos de los sistemas que consideraban dignos de práctica desde el primer período. Los andinos tenían tres leyes que obedecer: ama sua (no robar), ama llulla (no mentir) y ama quella (no ser perezoso). El trabajo fue muy respetado, y varios artesanos fueron reconocidos como maestros. Los objetos metálicos de los pueblos antiguos fueron descritos como extremadamente diversos y sus estándares artísticos y técnicos de tejido como excepcionalmente altos. Sorprendentemente, pueden haber sido hechos antes de 500 a.C. (período Nasca temprano) (Bennett y Bird). Garcilaso explica que los indios se aplicaron con diligencia a sus artesanías. También tenían inspectores de campo, inspectores de minas, tejedores, zapateros y herreros (269).

En el antiguo registro judío, uno encuentra una ley similar con respecto al trabajo. "Con el sudor de tu frente comerás tu comida hasta que vuelvas a la tierra", (Génesis 3:19, NVI). Las personas del primer período consideraban la ley 'no seas perezoso' de suma importancia. Para ellos, Dios también usó sus manos cuando creó la tierra y a sus hijos terrenales.

Resumen

El pueblo Nasca creó el glifo de la flor como un recordatorio de que Dios había creado todas las cosas para el beneficio de sus hijos en la tierra. Respetaban y cuidaban a la Madre Tierra para que ella pudiera seguir sosteniéndolos. La vida sin trabajo no tendría sentido, al igual que el trabajo sin la protección de su dios. Ellos usaron sus habilidades para mejorar sus vidas y fortalecer su comunidad.

La araña

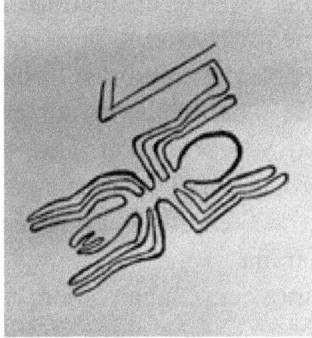

El glifo de la araña se encuentra debajo del caimán y cerca de la flor. Esta araña mide 47 metros de largo, su tamaño por sí solo es motivo de temor. Si estuviera vivo, sería un monstruo. La araña Nasca fue un recordatorio de la vulnerabilidad del cuerpo mortal, que expone a las personas a miedos, enfermedades, angustia, pérdida y muerte, experiencias necesarias para el desarrollo y el crecimiento de la fe en su dios porque creían que dependían de él en todo momento. Cuando los indios veían serpientes, víboras o arañas, pensaban que eran malos augurios y desgracias para quienes las habían visto en casa (Cobo, 175). Los malos augurios y las circunstancias indeseables que causaban dolor en sus hogares y fuera de ella eran representadas por el veneno que estos insectos inyectaban.

Conocidas científicamente como Araneae (un subconjunto de la clase familiar de arácnidos), todas las arañas tienen colmillos para inyectar veneno, pero aparte de las especies de viuda negra y reclusa, solo un porcentaje muy pequeño de picaduras tiene consecuencias graves (aunque otras picaduras pueden ser extremadamente dolorosas). A las arañas les gustan las pilas de madera, las áreas polvorientas con muchas telarañas y los escondites debajo de las hojas. Su buena visión les ayuda a encontrar suficiente espacio para deslizarse dentro de una casa, y son merodeadores muy activos. En el lado positivo, las arañas son beneficiosas debido a su consumo de insectos. Simbólicamente hablando, su veneno representa la culpa que proviene de tomar decisiones equivocadas que dan dolor.

Las arañas pueden ser muy rápidas y agresivas. En todo el mundo, se han identificado aproximadamente 45.000 especies. Algunos son bastante impresionantes en tamaño, y todos están bien equipados con ocho patas, dos patas más llamadas pedipalpos que usan como manos, y ocho ojos. Las arañas no pueden girar la cabeza, por lo que necesitan más ojos (una especie en realidad tiene doce). Los ojos principales tienen un pequeño campo de visión con alta resolución, y los ojos secundarios detectan sombras. Las arañas hacen telarañas de las seis glándulas de seda debajo de sus abdómenes, y la red es un símbolo de engaño y destrucción. Los seres humanos están equipados con intuiciones y la conciencia para guiarlos a través de los sentidos para no caer en las redes destructivas del mal que equivale a una telaraña.

Los antiguos andinos enseñaban sobre las aflicciones de la mortalidad. Ellos usaban la araña como símbolo de miedo, dolor y engaño. Celebraban una fiesta el primer día de septiembre para expulsar de la ciudad y sus distritos todas las enfermedades y otros males y problemas que la gente puede sufrir (Garcilaso, 413). Esas últimas cinco palabras, problemas que las personas pueden sufrir, pueden referirse a muchas cosas. Cuando uno piensa en la muerte, puede sufrir un miedo a lo desconocido. Otros tipos de sufrimiento se desarrollan a partir de la envidia de lo que otros tienen, la codicia que conduce a la competencia en lugar de la cooperación, el orgullo por los logros de uno en lugar del deseo de usar su éxito para mejorar la vida de los demás, la ira cuando la compasión puede ser mucho más apropiada, así como muchos deseos carnales. Todas estas son tentaciones que la gente necesita controlar.

También hay problemas externos que provienen de las malas decisiones de los demás. Garcilaso registra la perspectiva andina para denunciar cualquier delito, por leve que sea. Sostuvieron que la demora en el castigo alentaba el crimen, incluso un retraso de un día alentaba el crimen. Cualquiera que no informara sobre una transgresión era castigado por dos cargos: por descuidar su deber y por el pecado del otro que habían hecho suyo al no denunciarlo. Ninguno se atrevió a hacer lo que no debía hacer porque su acusador estaba cerca y su castigo severo (94). Sus leyes se implementaron para proporcionar justicia y evitar un sufrimiento adicional por parte de la víctima.

Todos los seres humanos experimentan varios tipos de sufrimiento y la culpa es uno de ellos. El pueblo andino encontró una manera de superar estos desafíos mortales. Como se mencionó anteriormente, tenían un festival en septiembre cuando ayunaban, lavaban sus cuerpos y tomaban una mezcla de masa con sangre de cordero para ungir el dintel de la puerta de la calle y dejar un pegamento como señal de que habían ayunado y sus cuerpos estaban limpios (Garcilaso, 413-414). Así como los hebreos que rociaron la sangre de los corderos en sus puertas para que el ángel de la muerte no los tocara, sino que castigara a los egipcios.

El último paso en esta limpieza fue de fuego. Quemaron antorchas y las arrojaron a los arroyos para que el agua corriente pudiera llevar los males y sufrimientos que habían expulsado de sus casas. Si alguien veía alguna antorcha, huía de ella en caso de que el sufrimiento se adhiriera a ellos (415). La gente huyó de todas las cosas que sabían que les causaban dolor. Ayunaron, cocinaron pan sin levadura, lavaron sus cuerpos, dejaron una marca roja en las puertas y quemaron una antorcha como señal de fe en que Dios aceptaría su arrepentimiento para librarse de errores o tentaciones y limpiar sus hogares y cuerpos para ser dignos del beneficio celestial.

En 1615, el nativo andino Felipe Guaman Poma Ayala completó su libro Nueva Crónica y Buen Gobierno y lo envió al rey de España. El tema principal de Poma fue el descontento que los andinos sentían hacia los españoles que trajeron la Biblia con ellos, pero no vivieron sus enseñanzas. Comparó a los líderes religiosos con Sodoma (412).

Poma acusó a las personas que representaban a la Iglesia Católica, predominante en la región ibérica, de tener corazones de piedra, de usar un palo para golpear las espaldas de los nativos como una declaración de su juicio y traer a Sodoma con ellos cuando conquistaron el Perú. El glifo de la araña también simboliza el mundo y su restricción de la libertad para adorar a Dios y buscar la felicidad viviendo sus valores ancestrales.

Los antiguos pueblos enseñaron que todas las cosas dañinas provenían de las tentaciones de un ser engañoso llamado cupay (diablo), a quien escupieron como un signo de maldición y abominación (Garcilaso, 71). Los antiguos no temían a cupay, pero sentían una gran aversión a este ser que hacía que la gente hiciera cosas repugnantes. También sabían que el diablo era un espíritu condenado sin poder para juzgar o condenar a otros y sin posibilidad de redención personal.

Entonces, ¿a quién temían o veneraban? ¿A quién hicieron ofrendas y dieron alabanza y adoración? Garcilaso escribe que los indios mencionaron Pachacamac con las marcas de adoración (71), y anteriormente en sus crónicas, escribe que Pachacamac envió a Noé y a sus tres hijos casados a repoblar la tierra (48). Describen a Dios como el sol de la justicia que consideró oportuno enviar la luz de sus leyes divinas y poner su imperio en beneficio de sus vasallos (40, 41).

Los pueblos del segundo periodo obedecían las mismas leyes porque creían que todo se hacía por revelación del Sol y porque experimentaban las recompensas al obedecerle (Garcilaso, 57). Garcilaso creía que los ancestros antiguos tenían tres principios básicos: 1) reconocían el poder de Dios porque salvó a la familia de Noé del diluvio, 2) Dios sería el juez de todas las cosas que la gente hacía en la tierra, y 3) Dios bendijo a los que eran obedientes a sus leyes y castigó a los que las ignoraron o rompieron.

La cabeza del glifo de la araña mira hacia el oeste para representar el tiempo de las personas en la tierra. ¿Qué tipo de recordatorio beneficioso tuvo esta posición para la gente del primer período? Por encima de todas las riquezas y los poderes terrenales, todavía temían a Dios, quien sabían tenía el poder de bendecirlos con el paraíso eterno o castigarlos con una condenación eterna en Uca Pacha; literalmente, los indios enseñaban que las personas malas van al inframundo, la casa del diablo, sin remisión ni consuelo (Garcilaso, 84).

Resumen

El pueblo Nasca creó el glifo de la araña para recordarle a su pueblo que temiera a Dios y no al mundo. También se proporcionaron muchas maneras de pedir esa ayuda celestial, pero primero, tenían que tener fe en Dios. Ellos no temían la muerte. La gente creía que Pachacamac tenía el poder de ayudarlos a soportar y prosperar de acuerdo con sus leyes y ordenanzas. Si tuvieran un verdadero deseo, obtendrían la paciencia y la perseverancia para ser limpiados del pecado, y Dios les daría fuerza y sabiduría para eventualmente conquistar sus aflicciones. Finalmente, para estas personas antiguas, el propósito de la vida era el desarrollo y el crecimiento espiritual para lograr una vida inmortal al lado de su Dios.

El pelícano

El glifo del pelícano se encuentra debajo de la estrella caída y al lado de la flor. Sus alas se agitan lentamente en vuelo, y mira hacia el norte, lo que significa que el ave está dejando la tierra y mirando hacia las mansiones celestiales. Garcilaso hace mención especial de los pelícanos en su libro y escribe que los españoles llamaban a los pelícanos, alcatraces. Por la mañana y por la noche, es agradable verlos pescar cuando las aves tienen más hambre y cuando desaparecen en el agua por un tiempo y emergen con peces en la boca (522). A 285 metros de largo, el glifo del pelícano es el animal más largo de todos los geoglifos de Nasca. Debe ser tan grande por alguna razón.

¿Por qué un pelícano?

Pelican and Her Chicks
Carmelite Monastery of Jesus, Mary, and Joseph
Valparaiso, NE

La primera comunidad cristiana eligió el pelícano para representar la Pasión de Jesús. Esta elección se basó en la creencia de que el pelícano perforaría su propio corazón para alimentar a los polluelos con su sangre cuando no había otro alimento disponible. Garcilaso seguramente habría visto el símbolo del pelícano en las capillas católicas en España. El altruismo de estas aves parece haber sido mencionado en muchos artículos cristianos y escolásticos de esta era temprana. Garcilaso escribe sobre los pelícanos, creando una imagen metafórica del sacrificio de Jesucristo. Cuando los pelícanos desaparecieron en el agua, emergieron con peces y se los tragaron mientras volaban en el aire (522). Los cristianos de entonces y ahora creen que Jesús voluntariamente sufrió la muerte en la cruz, fue sepultado y luego resucitó, y que al hacer esto, tomó sobre si todos los pecados del mundo (incluyendo el pecado original) e hizo posible que la humanidad después de muertos viviese de nuevo. El sacrificio del pelícano es pequeño en comparación, pero sigue siendo simbólicamente significativo.

La figura del pelícano representa un sacrificio personal. Un pelícano definitivamente se distingue de otras aves marinas al arriesgar su propia vida para proteger a sus bebés. El pueblo Nasca consideraba que este rasgo peculiar era un símbolo de un sacrificio infinito. Los indios creían que había un misterio en la creación de Dios; por esta razón, usaron símbolos en su religión. Cobo escribe que, en el momento de la cosecha, cuando veían papas o verduras diferentes de lo común con una forma o tamaño peculiar, realizaban ceremonias especiales en su honor (44). Los pueblos antiguos reconocieron y apreciaron cosas o animales que eran de rasgos, formas o tamaños diferentes del resto de la misma especie, así como la actitud de los pelícanos eran de otras aves marinas. Los indios reconocieron alguna divinidad especial en estas cosas, pero nunca le dijeron a Cobo lo que representaban porque estos símbolos provenían del primer período, y no tenían un conocimiento completo de ellos (Cobo, 45).

El antiguo registro judío también menciona ofrendas hechas por el pueblo. "Porque en aquel día el sacerdote hará expiación por vosotros, para limpiaros, para que seáis limpios de todos vuestros pecados delante del Señor... y el macho cabrío llevará sobre él todas [las] iniquidades", (Levítico 16:30, 22, NVI). Según los hebreos, la sangre de Jesús abriría las puertas del cielo para todos. "Destruirá a la muerte para siempre; y enjugará Jehová el Señor toda lágrima de todos los rostros; y quitara la afrenta de su pueblo de toda la tierra; porque Jehová lo ha dicho", (Isaías 25:8, NVI). Al hacer ofrendas, el pueblo andino esperaba aplacar la ira de Dios contra sus pecados. Garcilaso escribe que las leyes de los indios eran consideradas divinas, y las obedecían porque provenían de su dios, el Sol (97).

Cerámica Nasca del pelícano

La gente antigua de Nasca tenía cerámicas que representaban a un pelícano perforando su corazón. Su ojo es negro, grande y redondo, similar al de los artefactos egipcios. Los antiguos andinos usaban este símbolo para honrar a su dios y usaban la sangre cada vez que se construían o restauraban templos. Usaron un rociador [recipiente pequeño] hecho de ramas verdes para rociar el templo con la sangre del cordero que había sido sacrificado ese día (Cobo, 48).

Finalmente, el pelícano representa un amor perfecto. La gente del primer periodo creía que su dios los amaba y estaban agradecidos por su ayuda divina. Durante la ceremonia, los indios no miraban al sol porque a quien adoraban era a Pachacamac, y sus ofrendas eran muestras de su afecto (Garcilaso, 78). La gente ancestral entendió el sacrificio representado en el glifo del pelícano como un regalo de amor, un amor que el pueblo andino debía mostrar a su dios y a su prójimo. Sus leyes y palabras eran estrictas en sus ceremonias de adoración (Cobo, 9).

Viracocha y el Pelícano

El sol representaba a su dios Pachacamac y Viracocha era el hijo del Sol. Garcilaso escribe que el dios Viracocha era un fantasma, se apareció a un príncipe y se llamó a sí mismo hijo del Sol (76). Cuando Viracocha se presentó al príncipe inca, mostró amor y preocupación hacia él, su casa y su gente. Él dijo: "Sobrino, soy hijo del Sol. Me llamo Viracocha Inca; vengo de parte del Sol, Nuestro Padre, a darte aviso para que se lo des al Inca, mi hermano, de una rebelión y están reuniendo fuerzas para derrocar a tu padre. Y en particular te digo a ti que, en cualquiera adversidad, no temáis que yo te falte, que en todas ellas te socorreré como a mi carne y mi sangre", (231, parafraseado).

Al igual que el pelícano, Viracocha está dispuesto a ayudar a los de su propia sangre. De acuerdo a esta historia, Viracocha vino a la tierra como un ser resucitado para advertir al príncipe y a su padre del comienzo de una gran rebelión que venía del norte y para mostrar su amor y su preocupación por el príncipe. Después de la victoria, el príncipe construyó un templo al sol (Garcilaso, 277). El pueblo Inca le dio al príncipe el titulo de Viracocha por haber hablado con el hijo del sol.

Viracocha le pidió al príncipe que no temiera, sino que simplemente confiara en él. Esta historia fue registrada por muchos historiadores españoles, pero Cobo incluye una opinión personal subjetiva. Él escribe que los incas basaron todo esto en fantasías, sueños y revelaciones que recibieron de sus dioses (4-5). Cobo no podía aceptar el hecho de que el pueblo peruano recibía mensajes divinos y apariciones del cielo y, por lo tanto, trataba todas sus creencias como fantasías. Pero las evidencias arqueológicas muestran que hubo este tipo de comunicación.

No hay amor más grande

Konkan, India

Toro Muerto

Lámina de oro

Cada una de las imágenes representa la batalla entre el bien y el mal. Con sus patas delanteras levantadas en una posición de lucha, el rinoceronte en la cabeza del elefante tiene una serpiente en su boca.

En la figura de Toro Muerto, la cola del camélido está apretando a la serpiente hasta la muerte. Al igual que el rinoceronte, el Gato Montés de la lámina de oro también ha capturado una serpiente.

Serpientes, arañas y reptiles representan las diversas tentaciones, pruebas y aflicciones de los andinos. Aun así, sabían cómo tener paz a pesar de sus sufrimientos. "En sus necesidades y tribulaciones, sabían que podían arrepentirse, confesarse y orar... Oraron tanto en silencio como en voz alta. . . Para el momento de ofrecer sacrificios, los sacerdotes tenían muchas oraciones. . . [que] fueron preservados por la tradición de transmitirlos de padres a hijos", (Cobo, 119). Los pueblos del primer periodo oraron principalmente por la paz y una larga vida. El último de ellos— el contentamiento—también requería una confesión de transgresiones personales.

Pero el diablo no quiere que la gente confiese sus pecados. Tal confesión indicaría culpa o remordimiento y tal vez llevaría al pecador a renunciar a esas tentaciones o placeres de la carne. Cobo escribe que los indios creían que todas las dificultades de las personas se debían al pecado, y los pecadores más grandes sufrían grandes tribulaciones. Los arrepentidos escogieron confesar sus pecados. En su religión, tenían personas espirituales designadas para escuchar confesiones (122-123).

Cobo continúa explicando que estos arrepentidos confiesan sus pecados al Sol, y el Sol actuaría como su intercesor con Viracocha para que el pecador fuera perdonado (123). Garcilaso y Blas Valera dejaron claro que el Sol representa a Pachacamac, y Viracocha es el Hijo del Sol y el intercesor entre las personas y su Creador.

¿Cómo sabía la gente que necesitaba un intercesor? Tal vez vieron un paralelo en el mundo animal: criaturas como el pelícano, la ballena joven, el rinoceronte, el hipopótamo, el camélido o el gato montés, que se arriesgaron a perder sus propias vidas para preservar la vida de otros o, simbólicamente, para destruir al diablo. Del mismo modo, Viracocha, el justo Hijo de Dios, se sacrificó para expiar tanto el pecado original como todo el pecado posterior por el que se arrepiente sinceramente. El acto de confesión permitía a las personas reconocer y renunciar a sus pecados y seguir adelante sin la carga de la culpa.

Esta confesión verbal, sin importar cuán sincera fuera, seguía siendo solo el primer paso. También se requería una limpieza con agua. Los indios tomaron baños de purificación y creyeron que, con estos baños, serían limpiados de sus pecados. Ellos dijeron: "Confesé mis pecados y Viracocha me resucitará y me perdonará, río lleva mis pecados al mar para que nunca vuelvan a aparecer", (Cobo, 123). Es decir, el bautismo era un símbolo. Ellos fueron sumergidos y levantados por Viracocha, él perdonó sus pecados. El pueblo antiguo realizaba la ordenanza cristiana del bautismo.

Otras civilizaciones antiguas realizaron rituales similares

Antigua piscina judía mikve

La piscina fue utilizada para un ritual de purificación por inmersión. No debía haber agua de cisternas, sino agua de una fuente natural. Este símbolo representa un cambio hacia una vida nueva.

Cenote Maya

Un cenote maya es una piscina de agua dulce dentro de cavernas ubicadas a dieciocho metros o más por debajo del nivel del suelo. Representa la entrada a Xibalba, el inframundo maya. Uno desciende al agua para dejar todos sus pecados mundanos en el inframundo y salir limpio. En el cenote de Tulum, un guía turístico maya dijo que el agua es utilizada por los mayas para beber y purificarse. El ritual de purificación se llama Temazcal. La gente sale del agua sintiéndose limpia.

Las pilas bautismales en el templo de Pachacamac, Perú

Se puede encontrar una construcción similar de piscinas en el antiguo templo del Perú. En el primer período, estas piscinas tenían agua. La imagen de la derecha es el wachaque más grande, o piscina, para la purificación de sus pecados.

La penitencia o restitución era el tercer paso en este proceso de curación. El confesor golpeó al penitente en la espalda con una piedra y lo hizo confesar hasta que la confesión fue satisfactoria (Cobo, 124).

Una vez aceptada la confesión, se determinó una penitencia apropiada. Esta penitencia a menudo implicaba ayunar durante un período de tiempo prescrito (Cobo, 123). La ofrenda a Viracocha era generalmente una oveja sana con lana larga, una cola rígida y recta y sin manchas.

Después de que la gente había confesado, recibido penitencia, lavado sus pecados y hecho ofrendas, estaban listos para comer un pan especial para sentir el amor de su dios y saber que él no los descuidaría. Hicieron una gran cantidad de pequeñas tortas de maíz mezcladas con gotas de la sangre de las ovejas que fueron sacrificadas solemnemente (Cobo, 133). Este pan especial fue ofrecido a todos los presentes durante la ceremonia sagrada. Los sacerdotes decían: "Lo que se os ha dado es el alimento del Sol, y estará presente en vuestros cuerpos como testigo; si alguna vez hablaras mal del Sol o del Inca, esto se revelaría y serías castigado por ello", (Cobo, 133). La gente prometió fielmente nunca hacer esto. La promesa que recibieron a cambio fue que la influencia del Sol siempre estaría con ellos, y esta influencia (voz o espíritu) revelaría sus transgresiones si no obedecían la promesa que habían hecho.

Reflexionando sobre su propia visión, Alce Negro se dio cuenta de que su gente estaba viajando por el camino equivocado, cada uno para sí mismo y con pocas reglas propias (Neihardt, 134). También entendió que era su deber ayudar a la gente a caminar por el camino correcto. Les dio agua, como un símbolo, en una copa de madera para que sus pies pudieran conocer el buen camino que conduce a la salud y la felicidad (129).

La visión de Alce Negro era similar a los mensajes que recibía el pueblo en el primer periodo: la necesidad de agua purificadora que representa el deseo de no seguir al hombre azul que creaba todo tipo de dolor. Ellos hicieron la promesa de hacer el bien, amar a Dios y evitar el camino negro, que está lleno de tentaciones y dolor.

Resumen

El glifo del pelícano fue creado para recordarle al pueblo Nasca el sacrificio que el Hijo de Dios iba hacer para pagar por sus pecados. En el registro antiguo, El Libro de Mormón, dice: "Por lo tanto, los profetas y los sacerdotes y los maestros trabajaron diligentemente, exhortando con toda longanimidad al pueblo a la diligencia, enseñando la ley de Moisés y el objeto para el cual fue dada, persuadiéndoles a mirar adelante hacia el Mesías y a creer en su venida como si ya se hubiese verificado" (Jarom 1:11). Por esto, ellos hicieron una confesión, penitencia, lavamiento, ofrenda y participaron del pan como testimonio de que no hablarán mal contra Dios, sino que lo tendrán presente en su mente y corazón.

Consciente de este sacrificio, Tomás de Aquino (filósofo y teólogo del siglo XIII) escribió el siguiente verso de oración:
"Pelícano de Piedad, Jesús, Señor y Dios,
límpiame, inmundo, en tu preciosísima sangre,
pero una sola gota de la cual salva y libera a
todo el universo de su iniquidad".
(wisefamousquotes.com)

El colibrí

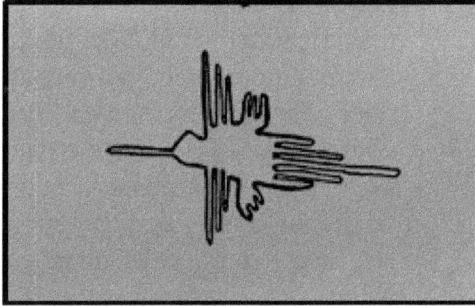

El glifo del colibrí se encuentra cerca del pelícano y es aproximadamente un tercio de largo, específicamente 93 metros de largo. Las alas cinéticas de esta pequeña ave aletean más de setenta veces por segundo. Las plumas de su cola se mueven en tres dimensiones siguiendo varios patrones de cambio. La capacidad del ave para flotar durante varios segundos le permite conservar energía cuando la comida es escasa. Debido a que el néctar de las flores no proporciona suficientes nutrientes, estas pequeñas aves comen insectos y arañas. El pueblo Nasca seleccionó al colibrí por sus rasgos únicos de heroísmo y nobleza.

En sus antiguas historias andinas, el colibrí enfrentó la sequía y mostró coraje cuando le pidió agua a la ballena para alimentar a sus bebés. El amor, la resistencia y una actitud positiva también se mostraron cada vez que estas aves tenían que volar grandes distancias para encontrar comida para sus crías. Una fábula popular también ilustra su astucia.

Un día, cuando el cóndor se jactó de que podía volar hasta el borde del cielo, el colibrí dijo que podía volar hasta el centro del cielo donde vivía Viracocha. Se planeó una competencia para el día siguiente, y el ganador sería declarado rey. Temprano en la mañana, el cóndor esperó y esperó al pequeño pájaro. Cuando no apareció, el cóndor decidió darle a su audiencia un espectáculo y voló muy alto, de hecho, hasta el borde del cielo. Luego, cuando comenzó a descender, el colibrí se levantó de la espalda del cóndor y voló al centro del cielo donde Viracocha le dio una pequeña flor brillante para demostrar que había alcanzado su objetivo. El colibrí adquirió divinidad porque había hablado cara a cara con Viracocha y regresó para mostrar valor, amor e integridad a la gente.

Los andinos encontraron fascinantes los rasgos físicos del colibrí. Son como la parte más fina del cuello de un pavo real, y se alimentan como abejas, chupando el jugo o la miel de las flores con sus largos picos (Garcilaso, 521). Garcilaso también señala que la gente de lejos pensaba que estos pequeños seres eran abejas debido al sonido que hacían sus alas o mariposas debido a su tamaño y color.

Cobo escribe sobre los pueblos andinos que usaban plumas de colibrí en sus textiles. Cobo menciona que los antiguos pueblos andinos del primer período crearon la tela más sorprendente. Describe cómo casi todas las plumas tenían un brillo admirable que parecía oro muy fino. Algunos de ellos estaban ensartados en hilo muy delgado (226). Los textiles decorados con plumas de colibrí fueron hechos para personas muy importantes y usados solo en ocasiones solemnes. Cobo informa que, en la antigüedad, la ropa de los señores tenía colores muy finos (187).

A pesar de los desastres naturales y las fallas humanas, este pajarito representaba esperanza para los pueblos andinos, recordándoles que no contaminaran a la Madre Tierra y que se limpiaran en cuerpo y espíritu o sufrieran la carga de su propia iniquidad. La fábula mencionada anteriormente ilustra el poder de la fe: a medida que el pequeño pájaro se acercaba a Viracocha y fue recompensado con una flor divina que representaba amor, esperanza y fuerza.

Cobo escribe que los andinos usaban las plumas de los colibríes en sus ropas ceremoniales como símbolo espiritual en ocasiones solemnes. "El sumo sacerdote vestido con cierta tela, se volvió hacia Viracocha [oeste] y dijo: 'Señor, esto te lo ofrecemos para que estés en paz con nosotros'", (154-155). Los incas no cuestionaron el simbolismo del colibrí ni qué hacía que el ave fuera tan especial. Cobo afirma que los andinos reconocían alguna divinidad especial en los colibríes, pero nunca le dijeron lo que representaban (45).

El Imperio Inca tenía tres principios a seguir para la gente: munay (amor), yachay (conocimiento) y llankay (trabajo). El colibrí representa el amor, la sabiduría y el trabajo, todas las cualidades que provienen de servir a los demás. ¿Por qué no le dijeron a Cobo el significado del colibrí? Seguramente, ellos vieron a los españoles fríos de corazón, sin cultura y ociosos para el trabajo.

En las Américas, las aves eran consideradas mensajeros divinos o asistentes de la gente. La gente pidió protección a las aves. "E hicieron ofrendas de coca u otras cosas a los pájaros o perros, pidiendo a estos animales que dañaran a sus enemigos, no a ellos", (Cobo, 175). Los colibríes luchan para proteger su nido, comida y territorio. Al observar estas cualidades en las aves pequeñas, las personas pidieron protección y también observaron su actitud para aprender o recibir inspiración.

Garcilaso descubrió que la naturaleza enseña incluso a las aves más pequeñas a proteger sus vidas; peleando cuando eran atacados por otros y escapando con habilidad y astucia. Vio un pequeño pájaro defendiendo su vida con mucho espíritu (524). El pequeño pájaro podría muy bien ser utilizado para inspirar a las personas a proteger sus vidas, desarrollar habilidades, ser sabio y evitar al enemigo o defender la vida con gran energía.

Alce Negro mencionó haber recibido un mensaje de un pájaro pequeño. "Las nubes por todas partes son unilaterales". Tal vez significaba que todas las nubes me estaban mirando. Y luego dijo: "¡Escucha! ¡Una voz te está llamando!", (Neihardt, 12). El pájaro le dijo al sanador espiritual que la 'voz' sabía que Alce Negro tenía las cualidades necesarias para ayudar a su nación a recuperar el equilibrio y la unidad.

Un pasaje familiar en el antiguo registro hebreo puede reflejar lo que el colibrí representaba para los antiguos pueblos andinos. "¡Qué hermosos son en las montañas los pies de los que traen buenas nuevas, los que proclaman la paz, los que traen buenos deseos, los que proclaman la salvación, los que dicen a Sion: '¡Tu Dios reina!'", (Isaías 52:7, NVI). Los andinos sabían cómo obtener la salvación porque confesaban sus pecados, purificaban sus cuerpos, ayunaban, ofrecían penitencia y comían el pan sagrado. Al igual que el pueblo en el tiempo de Moisés, hicieron todo esto para reconciliarse con su dios.

Resumen

La nación Nasca creó el glifo del colibrí para recordar a su pueblo que Dios había otorgado a la raza humana tanto los poderes del amor y la inspiración divina para pasar cualquier dificultad, desarrollar la capacidad de vivir en paz y disfrutar de la prosperidad.

El cóndor bebé

Entre los glifos gigantes, el cóndor bebé está al lado izquierdo del loro, la última imagen en la parte oriental del desierto. Como el loro, se dirige abajo desde el cielo. Su cola (la misma forma de triángulo que el loro, el tronco del árbol, la cola del perro y las líneas del mono) apunta hacia el cielo, indicando su origen e identidad celestial, que son los mismos que los de la raza humana. Esta ave tiene una cara amigable con un gran ojo que, en el arte, representa la clarividencia, la omnisciencia y una puerta al alma. Los ojos también se asocian frecuentemente con la inteligencia, la luz y la verdad.

Los pueblos andinos del primer período creían que Viracocha, el hijo de Pachacamac, vendría a la tierra para hacer la voluntad de su Padre. Garcilaso señala que el segundo período comenzó con el primer Inca, Manco Capac. "Lo que llamamos el segundo período y la idolatría [religión] practicada comenzó con el Inca Manco Capac", (Garcilaso, 67). Posiblemente, la diferencia entre el primer periodo y el segundo periodo es de 1,600 años. A diferencia de Garcilaso, cuya madre era una noble inca, los españoles no sabían la diferencia entre el primer período y el segundo. Atribuyeron otros dioses a los incas porque no sabían la diferencia entre los dos períodos (76). Leyendo atentamente, Garcilaso también explica por qué los hombres ibéricos no sabían la diferencia. Los indios no compartían la verdadera interpretación, y los españoles prefirieron llamar a su religión diabólica (71).

Manco Capac mencionó que recibió toda su instrucción divina del cielo. Garcilaso explica que el Inca eligió magistrados por sus méritos y aquellos que se habían mostrado preocupados por el bien común. Junto con estos preceptos y ordenanzas, les enseñó el culto divino de su religión, asegurándoles que recibió todas estas cosas del Sol (54).

Alce Negro y los hombres espirituales peruanos fueron guiados y enseñados por el Sol como por un padre. Parece entonces, que al comienzo del primer y segundo períodos, los pueblos andinos tenían comunicación a través de visiones con su dios. Lo que sucedió en la segunda mitad del primer período y entre estos períodos es una pérdida de su religión, un momento en que la gente olvidó esas visiones o ya no las vivió.

Garcilaso informa que, en el primer período, el pueblo Nasca solo tenía un dios, Pachacamac representado por la ballena. Parece que al final del primer período, como en cualquier dispensación o religión en el mundo, la gente comenzó a disputar y distorsionar su religión pura a través de sacerdotes que practicaban ritos contrarios a los mandatos de su dios. Los educados se volvieron orgullosos y comenzaron a infligir reglas estrictas a los discípulos humildes, y los sacerdotes buscaron poder, autoridad, riquezas y las cosas vanas del mundo. Aquellos que fueron diligentes deben haber pasado puntos importantes de su religión a sus descendientes, pero con el tiempo, sus descendientes no tenían un conocimiento claro de ello.

Cobo apoya la falta de un conocimiento claro. Cuando Hernando Pizarro rompió sus estatuas, se apodero de los metales preciosos, y mando a los sacerdotes católicos poner una Cruz en su templo, el sacerdote andino abandonó su religión y abrazó la Biblia. Les dijo a los andinos que Pachacamac y el dios de los cristianos era el mismo (90).

El verdadero problema aquí es si el glifo del cóndor bebé representa al Hijo del Sol. En la década de 1600, el padre Blas Valera explicó que, para los indios, Viracocha era Jesucristo. Si esta afirmación es cierta, los andinos tenían que explicarla. Usando su ingeniosidad, el pueblo Nasca creó glifos que cuentan la historia del plan más maravilloso de crecimiento y desarrollo para la raza humana. Este plan no debía ser experimentado basado en la presión, el miedo, la amenaza, la tradición o la ideología. En cambio, las fuerzas impulsoras serían el amor (como el pelícano dispuesto a dar su vida para salvar a sus hermanos y hermanas) y la obediencia (como la garza que sufrió desafíos mortales porque deseaba ser obediente y demostrar amor a su Padre). El antiguo pueblo Nasca creía que un salvador, simbolizado por el cóndor bebé, iba a descender en la parte oriental del mundo para mostrar el camino.

En el petroglifo de Toro Muerto, se puede ver en la parte este-sur de la roca un camélido hembra dando a luz a un ser humano. También hay una diferencia similar en el petroglifo del elefante de Konkan, donde en el cielo, la batalla fue entre el hipopótamo y un espíritu malo, un rinoceronte hembra está afuera pero cerca de la figura del elefante, y en la tierra, la batalla fue entre un rinoceronte y una serpiente. En las Líneas de Nasca, el padre es una ballena, y el hijo es un cóndor bebé en el cielo. Lo hicieron así para mostrar una diferencia de que él bebé nació por el poder del Espíritu Santo.

La relación representa la diferencia de estado entre la vida premortal y la mortal; el padre inmortal [Dios], la madre [mortal], y el bebé cóndor [el hijo, mortal e inmortal].

Lámina de oro

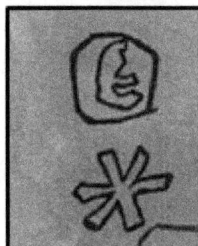

Un descendiente de Manco Capac, Inca Pachacuti Yamqui (nombre cristiano, Don Juan Santa Cruz) dibujó las imágenes de la Lámina de oro. La imagen del bebé Viracocha descendiendo del cielo y una nueva estrella que apareció como señal de su nacimiento. Los andinos del primer período recibieron una profecía y una ordenanza para hacer ofrendas de un cordero u oveja sin mancha en honor de un sacrificio futuro.

En el segundo dibujo, cuatro estrellas representan los cuatro puntos cardinales, siendo la estrella más grande el norte. Por encima del punto cardinal oriental hay una estrella individual aún más grande (dibujo izquierdo) y, por encima de eso, un bebé en el útero. Los indios creían que la estrella de la mañana (Jesús) era la luz necesaria para quitar la oscuridad del mundo, y su símbolo era la nueva estrella. Enseñaron que su dios, el sol de la justicia, daba la luz o las leyes naturales que califican una civilización para que la gente se respete mutuamente (Garcilaso, 40). La nueva estrella fue la segunda señal de la profecía. El tercer componente era el propósito del Hijo de Pachacamac— sacar a la gente de las tinieblas y darles leyes nuevas, como amarse unos a otros.

Los estudiosos y arqueólogos se preguntan por qué Pachacuti Yamqui mezcló la creencia cristiana del Salvador con la religión andina cuando dibujó una madre y un bebé dentro de la pierna derecha del loro. Cobo explica que "si una mujer declaraba que había quedado embarazada por la acción del trueno [simbolizado por formas triangulares en las alas del loro] sin que ningún hombre la hubiera tocado, le creían", (44). Esto sugiere que los andinos del primer periodo y segundo periodo sabían acerca de una mujer que había quedado embarazada a través del poder del trueno, que simbolizaba el Espíritu Santo. En el registro judío, leemos: "El nacimiento de Jesucristo fue así: Estando desposada María su madre con José, antes que se juntasen, se halló que había concebido del Espíritu Santo", (Mateo 1:18, NVI).

Loro, Hombre de Trueno y Espíritu Santo

Estos tres grabados en la Lámina de oro parecen representar profecías universales en el registro judío. En el este, una nueva estrella aparecería (Números 24:17, ESV); "Por tanto, el Señor mismo os dará una señal. He aquí, la virgen concebirá y dará a luz un hijo, y llamará su nombre Emanuel [Dios con nosotros]", (Isaías 7:14, ESV); "Porque nos ha nacido un niño, se nos ha concedido un hijo; la soberanía reposara sobre sus hombros, y se le darán estos nombres: Consejero Admirable, Dios Fuerte, Padre Eterno, Príncipe de Paz", (Isaías 9:6, NVI).

Ya se ha establecido que tanto las naciones nativas americanas como los pueblos andinos creían que las aves representaban mensajeros divinos. Parece entonces que Dios cumple su voluntad por el poder del Espíritu Santo (simbolizado por el Trueno). Garcilaso declara que no tenían ídolos con el nombre de la Trinidad, y en el idioma general del Perú, una palabra comprende tres o cuatro cosas diferentes, por ejemplo, la palabra illapa cubre relámpago, trueno y rayo (80). En el templo Coricancha se creó una habitación para venerar el trueno (también simbolizado por el loro), y los andinos respetaban el trueno como sirviente del Sol (182). Como siervos del Sol, el Trueno y Viracocha hicieron la voluntad del Gran Espíritu.

El trueno en el Corán

En la Sura XIII del Corán hay un libro llamado "El Trueno" que significa guía divina. "Él es el Conocedor de lo invisible y lo visible, lo Grande, lo Alto Exaltado. Igual de vosotros es el que esconde el dicho y el que lo hace ruidoso en el extranjero, el que acechaba en la noche y el que va libremente durante el día", (9,10). El trueno hizo un acto invisible cuando la Virgen María fue embarazada.

Estos versos representan la misma descripción del trabajo del Trueno Andino (Cobo, 44). "Él es quien os muestra el relámpago, el temor y la esperanza, y levanta las nubes pesadas", (v. 12). El registro hebreo también dice que el Espíritu Santo puede levantar las pesadas nubes de oscuridad y mostrar al creyente dónde está la luz o la verdad (Juan 16:13, NVI). Si la gente del islam se preguntase con fe si Ala se comunicó con los antiguos habitantes de América, ellos sabrían que si lo hizo. La gente del primer período también enseñó acerca de la esperanza de una recompensa celestial al seguir la guía divina del Espíritu Santo.

Formas y símbolos geométricos

Una nota interesante es que los arqueólogos han documentado más de treinta figuras geométricas utilizadas en todo el Viejo Mundo durante miles de años. Aún más intrigante es el hecho de que el simbolismo de estos rectángulos, círculos, cuadrados, triángulos y óvalos era generalmente consistente. Como se señaló anteriormente, estas figuras eran comunes en grandes espacios como la Roca Nourlangie, pero también en espacios restringidos como cuevas en España y Francia, en rocas como las de Toro Muerto y en colinas rocosas en India, África, Asia y otros lugares. Las similitudes y la repetición de los mismos signos durante tanto tiempo y en tantos sitios nos dicen que los creadores usaron estos símbolos ya establecidos a propósito, lo que significa que estos signos fueron reconocidos y aceptados culturalmente hace más de 4.000 años. Varias culturas usaron este sistema para contar la misma historia religiosa, a veces como profecía y otras veces como recuerdo.

Konkan Petroglyph

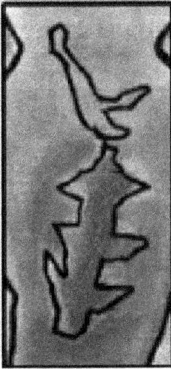

Este escarabajo es una de las muchas figuras animales y humanas dibujadas dentro del petroglifo del elefante Konkan. En el Viejo Mundo, principalmente en Egipto, el escarabajo se asocia con la creación y el renacimiento. Los egipcios llamaban al escarabajo Khepri ("el que está por existir") y lo adoraban como el sol del amanecer en el horizonte oriental. Así como el escarabajo empuja su bola de estiércol fuera de la arena y la hace rodar por el suelo, Khepri empuja el disco solar hacia arriba desde el inframundo y lo hace rodar por el cielo todos los días. La figura del escarabajo se encuentra en el lado oriental del petroglifo del elefante para representar la venida del Hijo de Dios. Un mensaje llevado por seres celestiales, representados por el ave al lado del escarabajo.

Garcilaso comparte lo que los andinos sabían sobre los escarabajos. "El ídolo Tangatanga, que un autor dice que fue adorado en Chuquisaca y era uno de tres y tres en uno. . . Puede ser una palabra en el discurso de esa provincia de la que nunca he oído hablar, y la palabra debería ser acatanca (aca, 'estiércol'; tanca, 'empujador'), que significa escarabajo", (80). La gente de Chuquisaca creía que el escarabajo representaba a Jesucristo, un miembro de la Trinidad. Para el pueblo Nasca, estos tres estarían representados por la ballena (Pachacamac, Dios), el loro (Espíritu Santo) y el cóndor bebé (Viracocha, Jesucristo). Tres personajes diferentes unidos en un propósito, que es salvar a la raza humana.

Esta explicación tiene casi el mismo simbolismo que los antiguos egipcios le dieron a su dios, el escarabajo Khepri, uno que descenderá y expulsará la oscuridad. En la historia egipcia, hubo un monoteísta faraón y las únicas personas monoteístas que salieron de Egipto fueron los hebreos, que también creían en un Mesías.

Garcilaso concluye: "No me sorprendería que [el escarabajo] haya sido adorado como un dios en Chuquisaca en la primera era del antiguo paganismo antes del imperio Inca. . . que dijeran que el dios era tres en uno y uno en tres", (Garcilaso, 80).

En la Roca de Nourlangie, el pie izquierdo de la hembra en espíritu toca un pez que lleva a otro pez dentro que representa el hijo del Dios situado arriba de ella, el que tiene una gran cabeza de pez. Esta profecía fue recibida por un grupo llamado Soñadores hace más de 5.000 años. Según el registro judío, hace más de 2.000 años, Dios envió al ángel Gabriel para decirle a María que era muy favorecida de Dios para ser la madre de su hijo. Ella preguntó cómo sería eso, y el ángel respondió: "El Espíritu Santo vendrá sobre ti, y el poder del Altísimo te cubrirá con su sombra. Así que el santo niño que va a nacer lo llamarán Hijo de Dios", (Lucas 1:35, NVI). El Ser Supremo lo ve todo y sabe que, entre todas las mujeres en Jerusalén, María era la más apta para ser la madre de su hijo.

El apóstol Juan escribe: "Felipe encontró a Natanael, y le dijo: 'Hemos encontrado a Jesús de Nazaret, el hijo de José, aquel de quien escribió Moisés en la ley, y de quien escribieron los profetas'", (Juan 1:45, NVI). Tal profecía de la venida de un miembro de la Trinidad que tendría un cuerpo de carne y huesos y ADN divino también fue compartida por la gente de Toro Muerto y por los soñadores espirituales en Nourlangie que pintaron a una virgen dando a luz.

Resumen
El pueblo Nasca creó el glifo del cóndor bebé para recordarles las profecías del nacimiento del Hijo de Dios y su misión de salvar a todos los hijos de Dios de la muerte y del pecado.

La Ballena Joven

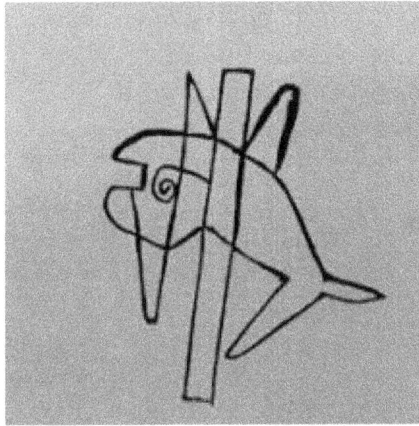

El glifo de la ballena joven se encuentra debajo del cóndor bebé, lo cual es significativo ya que los antiguos entendieron la importancia del orden al contar una historia. La joven ballena representa al Hijo de Dios o al hijo de la ballena en el cielo, su descendiente directo en la tierra. El pueblo andino hizo ofrendas para confesar la muerte de Viracocha para su salvación, "en cuya veneración sus sucesores hicieron grandes sacrificios al Sol de ovejas y otros animales, pero nunca de hombres", (Garcilaso, 92).

Detalles de la imagen

En contraste con el gran glifo de la ballena en el norte con un ojo grande, cola gruesa, muchos diseños internos y el cucharón; la ballena joven, ubicada cerca al glifo del hombre y debajo del cóndor bebé, tiene una forma simple y es más pequeña en tamaño, 61 metros de largo y la ballena con el cucharon tiene 64 metros de largo.

El glifo de la ballena joven también es único porque es la única figura en las Líneas con una barra ancha que cruza la parte superior de su cuerpo. Parece que, en el primer período, la gente usó la barra ancha como símbolo de la muerte de la joven ballena. Después de ver ballenas varadas, el pueblo Nasca representó al animal muerto con su cuerpo ligeramente curvado descansando de lado y una boca abierta, lo que significa que descendió para morir, que terminó su obra y está listo para ascender.

El ojo de la ballena se eleva desde la gruesa barra que representa su muerte a una espiral orientada al norte que simboliza la vida eterna. Sobre la barra, una sola línea conecta triángulos que indican este y oeste. En el este, fue llamado Nazareno (Mateo 2:23, NVI). Alguien que hizo un voto de dedicarse al Señor, no tomar bebida fermentada, dejar que su cabello crezca y ser apartado para su ministerio (Números 6, NVI).

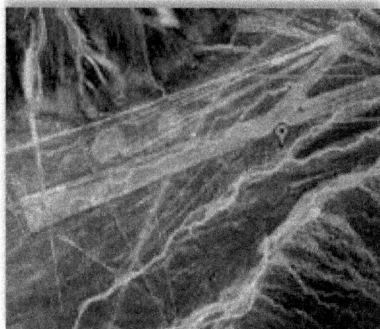

Cerca del símbolo "Y", en la imagen izquierda, está el arco iris, dos espirales y la garza. Arriba de la "Y" esta la ballena grande [creador] o Yahweh [Dios de los Judíos]. Hay un clavo largo en la parte inferior que atraviesa un agujero en la línea gruesa.

Si la interpretación de las Líneas es precisa hasta ahora, entonces uno puede leer que en el cielo [arco iris], Dios [ballena, espiral, sin principio ni fin] presentó un plan en el que un sacrificio final [garza] sería clavada sobre una barra gruesa o línea para salvar a la raza humana.

La segunda imagen muestra líneas anchas de una cruz. El pueblo Nazca creó esta figura y la ubicó por encima del glifo del colibrí, por debajo de la espiral y cerca al cóndor volando al este.

Hay un clavo en la mano y otro en la muñeca (Isaías 22:25). Las buenas nuevas [colibrí] se extenderán por todo el mundo de que los muertos volverán a vivir y con este conocimiento, los indios creían en una vida eterna.

En el primer y segundo período, los creyentes tomaban baños para limpiarse de sus pecados (Cobo, 123). La joven ballena simboliza su comprensión del perdón inherente ofrecido por el sacrificio infinito que Jesús hizo por toda la humanidad. "He confesado mis pecados al Sol, y desde que fui levantado en el agua por Viracocha, él me ha perdonado; río, recibe mis pecados; llévalos al mar donde nunca aparecerán", (Cobo, 123).

Setecientos años antes de Cristo, según el registro judío, el profeta Isaías dijo: "Escuchad esto, descendientes de Jacob, vosotros que sois llamados por el nombre de Israel y venís del linaje de Judá, vosotros que prestáis juramentos en el nombre de Jehová e invocáis al Dios de Israel, pero no en verdad ni justicia", (Isaías 48:1, NVI). Estas dos naciones sabían acerca de la purificación, hacer juramentos y ser justos.

Significado de la boca de la ballena joven

Ballena joven	Loro	Dos Manos
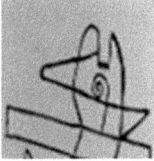		

La forma de 'n' en la boca abierta del loro sugiere que su misión ha comenzado y que sus mensajes vienen del cielo y en el caso de la ballena joven la boca está en forma de "u" que podría significar que ha cumplido su misión, que ha descendido para morir y que está lista para volver al cielo. La línea izquierda en la mano de cuatro dedos que baja de una, "n", significa que la raza humana bajó del cielo. Uno puede ver que el dibujo de las líneas en los glifos es muy importante, y es parte de una gran historia. Las culturas antiguas han utilizado los mismos símbolos, que son largos y complejos. Sus símbolos tienen un grado mucho más alto de cultura y diversidad de lo que normalmente se supone.

Importancia de oriente y occidente

La línea tiene un hueco con un clavo que apunta a la imagen de una letra "E". El mapa de Israel tiene la forma de una "E". El clavo apunta a la línea del centro que sería Jerusalén. El pueblo Nasca sabía que este sacrificio sería en ese lugar por revelación o porque tenían el registro judío con ellos.

Los dos triángulos en la ballena que se dirigen al este y al oeste representan lo que la ballena joven haría antes y después de ser crucificada. Hay una mano cerca de la ballena con la raya gruesa. El triángulo oriental está conectado a la línea gruesa y muestra que la joven ballena [Jesús] fue levantado por primera vez por Juan el Bautista en el río Jordán, y luego ministró a la gente como alguien que tenía autoridad para enseñar y organizar su iglesia con doce apóstoles (Mateo 3:16, 7:29, 10:1; NVI). Él enseñó que tenía otras ovejas en otro lugar y que escucharían su voz (Juan 10:16, NVI).

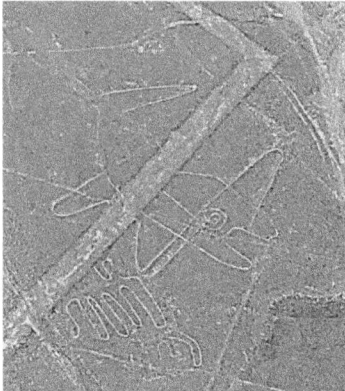

Más tarde, resucitó en forma inmortal en Jerusalén. El triángulo oeste indica que la joven ballena [Jesús resucitado] vino a las Américas para enseñar acerca de la limpieza de los pecados y la vida eterna. Los andinos lo describían como "un hombre de mediana estatura, blanco y vestido con una túnica blanca asegurada alrededor de la cintura, y que llevaba un bastón y un libro en las manos", (Sarmiento, 35). Curiosamente, Sarmiento pronto aprendió mucho más sobre este hombre blanco de los lugareños. "Cuando Viracocha llegó allí [Perú] los habitantes estaban distanciados debido a su vestimenta y porte. Murmuraron y propusieron matarlo desde una colina que estaba cerca. . . Él [cayó] de rodillas en algún terreno llano, con las manos entrelazadas, y un fuego de arriba cayó sobre los que estaban en la colina. . . Esos hombres estaban aterrorizados por el terrible fuego y bajaron de la colina y buscaron el perdón de Viracocha por sus pecados. Viracocha fue movido a la compasión. Fue a las llamas y las apagó con su bastón", (35). Antes de su visita, las puertas de las sepulturas miraban hacia el este.

El padre Cobo describe las tumbas hechas en el primer período. "Las puertas de todas ellas miran hacia el este, y estas puertas son tan pequeñas y estrechas como la puerta de un horno, porque es imposible entrar a través de ellas sin tocar el pecho contra el suelo", (248). El pueblo Nasca y todas las regiones alrededor enterraron a sus muertos mirando hacia el este, donde esta profecía se cumpliría. Después de que el Hijo de Dios murió y resucitó, la gente enterró a sus muertos mirando hacia el oeste porque creían que era donde el Hijo de Dios iba a regresar después de su ascensión.

Siglos más tarde, el jefe José de los Nez Perce enterró a su padre mirando hacia el oeste. Los guerreros bajaron el cadáver a la tumba con la cabeza hacia el este, pero mirando hacia el oeste (Howard, 89). En ambas descripciones, las direcciones este y oeste también se refieren al nacimiento del Hijo de Dios y su promesa de regresar primero al oeste; es por eso que los nativos en América comenzaron a enterrar a sus muertos mirando hacia el oeste.

El ojo espiral

El ojo espiral está conectado a la banda ancha para representar su resurrección a la vida eterna. Ahora, él vive como un ser inmortal en el cielo, su lugar de origen. Garcilaso comparte las creencias de los pueblos andinos sobre las ballenas. "También adoraban a la ballena [símbolo de Dios] sosteniendo que fue el primer pez que estaba en el mundo superior [cielo] y era el origen de todos los demás peces", (32). Ya se ha establecido en capítulos anteriores de que los pueblos andinos del primer período, quienes hicieron los geoglifos, creyeron y adoraron a un solo Dios, Pachacamac, y con él estaban otras estrellas u otros peces, como Viracocha en el cielo. Del mismo modo, sus descendientes dijeron que usaban la ballena como símbolo de su único dios, que fue el primer ser en Hanan Pacha, el mundo superior.

El cielo era el lugar de origen de toda la raza humana antes de que vinieran a la tierra. Los amautas incas sostenían que las personas estaban compuestas de cuerpo y alma y que el alma era un espíritu inmortal (Garcilaso, 84). El cuerpo hecho del polvo necesita alimento, y a medida que el cuerpo físico es alimentado, el espíritu que reside en el ser mortal también se beneficia al tener un cuerpo sano donde habitar. Cuando el cuerpo mortal muere, el espíritu inmortal va al mundo de los espíritus donde espera la resurrección.

Con respecto a las creencias de los andinos de la vida eterna o inmortalidad, Cobo señala que la frase "resurrección del cuerpo" no fue mencionada por los indios (21), pero señala que hablaban sobre la vida después de la muerte (11). Garcilaso estuvo de acuerdo en que no había una palabra para la resurrección, pero enterraron a sus muertos sentados para que sus almas estén listas para ser levantadas (85). El pueblo Nasca, los primeros antepasados de los andinos, parecían tener conocimiento del sacrificio final, pero con toda probabilidad y como en muchas otras cosas, consideraban sagrada la palabra resurrección. Pero los andinos siempre habían creído en la inmortalidad del alma. Entendieron que cuando las almas dejaban esta vida (porque decían que el mundo debía llegar a su fin), las almas recibirían una recompensa o castigo, de acuerdo con lo que merecían (Cobo, 19). Para que las almas reciban la bendición del cielo o la condenación eterna, necesitarían vivir de nuevo. El principio de la recompensa eterna implicaba una resurrección.

Apilamiento de rocas en Asia   Campo de Apachetas en Perú

Otro símbolo que usaron es la apacheta, que significa "lo que hace que se levante" (Cobo, 116). Los indios no dijeron a Cobo quién causa el levantamiento o qué se levanta. Apilaron piedras como muestra de su conocimiento de que algún día sus cuerpos se iban a levantar y por gratitud hacia su dios. Garcilaso explica que se habían colocado cruces en las crestas de las colinas, y [la gente] recuerda en gratitud que nuestro Señor Jesucristo se les había revelado (78). Los andinos construyeron tres lugares sagrados para representar a la Trinidad: sol, luna y trueno. La luna simbolizaba a Viracocha. Los indios usaban las fases de la luna; cuando se perdió de vista, lo llamaron la muerte de la luna porque no la vieron durante tres días (Garcilaso, 115). El pueblo Nasca sabía de la futura muerte de Viracocha en la cruz y también de su resurrección al tercer día. La cruz representaba la muerte de Viracocha y, con su muerte, la restauración de la relación rota de la raza humana con Pachacamac. Viracocha se mostró a la gente y les enseñó, caminó con ellos y comió con ellos.

Otros símbolos relevantes

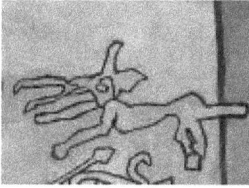  

| Lamina de oro | Toro Muerto | Konkan, India |

En cada una de las imágenes de arriba, un animal grande está matando a una serpiente, el reptil que provocó la muerte espiritual, introduciendo la vida mortal y la separación de Dios con el ser humano debido a la transgresión en el Jardín del Edén. Antes de la transgresión, Adán y Eva eran seres inmortales, inocentes y hablaban con Dios. El sacrificio tenía que ser de un ser inmortal, inocente, y obediente como Jesucristo para pagar toda justicia. A través de la muerte de la joven ballena, se logró el fin de la vida mortal con la ayuda de la gran ballena (Dios) y el loro (Espíritu Santo). Garcilaso compartía las creencias de otras naciones nativas sobre la Trinidad. "Entre los papeles del Padre Blas Valera encontré lo siguiente... las declaraciones de Pedro Mártir y del obispo de Chiapas y otros de que los indios de las islas de Cozumel que están sujetos a la provincia de Yucatán consideraban la señal de la cruz como Dios y la adoraban, y que en Chiapas habían oído hablar de la Santísima Trinidad y de la encarnación de nuestro Señor", (81). Antes de que los españoles vinieran a conquistar el Perú, los andinos tenían una cruz y sabían de la muerte y resurrección de Viracocha. Garcilaso añade, los reyes incas tenían en Cusco una cruz de mármol fino, de colores blanco y rojo, una mezcla llamada jaspe cristalino. No dijeron cuánto tiempo lo habían tenido ni por qué lo tenían en reverencia. Todo estaba en una sola pieza, muy bien tallado, con sus bordes perfectamente lisos, ambos lados exactamente emparejados, y la piedra pulida a un alto brillo (73).

Garcilaso explicó más tarde cómo hubiera sido mucho mejor para los españoles si hubieran dejado la cruz donde estaba y hubieran mostrado respeto para que más tarde los andinos hubieran podido comparar y aceptar más rápidamente la religión católica. Cuando salió del Perú en 1560, la cruz estaba en la sacristía de la iglesia de Cusco, donde colgaba de un clavo por una cuerda que atravesaba un agujero en la parte superior de la cruz. Recordó que el cordón era una tira de terciopelo negro (73).

"Toda la teología de los incas fue comprendida en la palabra Pachacamac [pacha: tierra, camac: creador]", (Garcilaso, 123). Parece entonces, que Pachacamac tenía un plan universal que también fue revelado a los antiguos pueblos de las Américas.

Se entiende también que mucho de los pueblos del primer período sabían del sacrificio infinito por la forma en que realizaban sus ofrendas y seguían las enseñanzas de su dios tal como lo habían hecho los del antiguo mundo hebreo. Considere esta escritura profética del Antiguo Testamento: "Como perros de presa, me han rodeado; me ha cercado una banda de malvados; me han traspasado las manos y los pies. Puedo contar todos mis huesos; con satisfacción perversa la gente se detiene a mirarme. Se reparten entre ellos mis vestidos y sobre mi ropa echan suertes", (Salmos 22:16–18, NVI). Este pasaje detalla lo que Jesús experimentaría en el Gólgota 1.400 años después. A comparación de otros crucificados por los romanos, sus rodillas no fueron quebradas porque ya estaba muerto en la cruz.

Cobo describe lo que los indios decían sobre el lugar para los difuntos: estaba dividido en dos partes, una para las almas felices y otra para las almas afligidas (19). El paraíso, entonces, es donde van las almas arrepentidas y buenas, y las no arrepentidas van a la parte afligida del mundo de los espíritus; donde todos esperan la resurrección.

En el Nuevo Testamento, el apóstol Juan escribe: "Jesús respondió: 'Yo soy el camino, la verdad y la vida. Nadie viene al Padre sino por mí'", (Juan 14:6, NVI). Él es el único intercesor porque es el único que dio su vida por la humanidad. Cobo explica que las ofrendas eran distribuidas a otros dioses [trueno y luna] para que ellos puedan interceder entre la raza humana y Dios (23).

Resumen

El pueblo Nasca creó el glifo de la ballena joven para recordarle al pueblo el propósito de la vida y muerte del Hijo de Dios. Pero las evidencias arqueológicas, las fuentes de historia, y los registros judíos podrían no ser suficientes. Parece que uno debe buscar la verdad de todas estas cosas a través de un ejercicio de fe al creer lo que está leyendo y preguntar a Dios si el reveló estas verdades a todas partes del mundo.

El glifo del hombre tallado en una roca y una tumba judía

Este se presentó ante Pilato y le pidió el cuerpo de Jesús. Después de bajarlo, lo envolvió en una sábana de lino y lo puso en un sepulcro cortado en la roca, en el que todavía no se había sepultado a nadie. —Lucas 23:52–53, NVI.

El glifo del hombre se encuentra entre el cóndor y la ballena joven. La imagen mide 36 metros de largo, uno podría sorprenderse completamente de cómo la pequeña colina rocosa se parece tanto a las tumbas que el pueblo judío cortó en áreas rocosas. Los antiguos habitantes de Nasca tallaron la roca con dimensiones para mostrar que el hombre sale de un marco o puerta y que tiene algo en las manos; las ideas varían entre ellas una bolsa en la mano izquierda. En su totalidad, este glifo representa la resurrección del Hijo de Dios.

Los antiguos andinos escribieron sobre un hombre resucitado. "Tienen la tradición de que era un hombre de mediana estatura, blanco y vestido con una túnica blanca con un alba asegurada alrededor de la cintura, y que llevaba un bastón y un libro en sus manos", (Sarmiento, 35). Suponiendo que los objetos que se sostienen son un bastón y un libro en una bolsa, la descripción de Sarmiento se ajusta a este dibujo. A diferencia de los pueblos andinos, el hombre de Nasca tiene ojos grandes como los judíos o como los egipcios dibujaron rasgos faciales hace más de 2.000 años. Según Sarmiento, este hombre blanco se quedó muchos días con los peruanos mientras enseñaba y realizaba milagros para ellos. Luego se dirigió hacia el norte. "Viracocha continuó su viaje, obrando sus milagros e instruyendo a sus seres creados. De esta manera llegó al territorio en la línea equinoccial, donde ahora están Puerto Viejo y Manta [Ecuador]", (36).

Sarmiento también fue testigo de las declaraciones de los andinos. "Estos memoriales, que están todos en mi poder, fueron comparados y corregido, y finalmente verificado en público, en presencia de representantes de todos los partidos y linajes, bajo juramentos en presencia de un juez, y con intérpretes expertos y muy fieles también bajo juramento, y así terminé lo que ahora está escrito", (42). Qué importante es esta declaración: que los antiguos pueblos andinos vieron a Viracocha quien realizó milagros y les prometió que se comunicaría con sus descendientes nuevamente, y "en el tiempo venidero enviaría a sus mensajeros que los protegerían y enseñarían", (36).

Los sacerdotes andinos aceptaron la religión de los españoles porque pensaban que eran los mensajeros prometidos por Viracocha. "En virtud de la Santa Cruz que fue erigida en este templo y predicando el Santo Evangelio... muchos de ellos abrazan la verdad de nuestra santa fe" (Cobo, 90). Escucharon lo que ya sabían acerca de la creación, el diluvio, Dios el Creador, del Hijo de Dios, su muerte y resurrección, los mandamientos, el ayuno, la purificación y la oración.

Apoyando la declaración anterior, Garcilaso escribe: "Los incas creían así en la resurrección universal. . . Tuvieron mucho cuidado de preservar el cabello que cortaron o peinaron y las uñas que cortaron. . . A menudo he preguntado a varios indios en varios lugares por qué hicieron esto, para ver qué dirían. Siempre respondían con estas palabras: 'Todos los que nacimos debemos volver a vivir en el mundo... y las almas han de levantarse de sus sepulcros con todo lo que pertenecía a sus cuerpos. . . porque en aquel día habrá mucha prisa y mucho que hacer, los juntamos para que nuestras almas se levanten antes'", (84). La declaración de Garcilaso con respecto a una doctrina de fe incluye una descripción real de cómo los andinos demostraron su creencia en la resurrección enterrando a sus muertos sentados: bañados, peinados y vestidos con sus mejores ropas.

Otros Testimonios

Garcilaso también presenta testimonios de otros historiadores españoles. "López de Gómarra: 'Cuando los españoles abren estos sepulcros y dispersan los huesos, los indios les piden que no lo hagan, para que los huesos puedan estar juntos para la resurrección, porque sí creen en la resurrección del cuerpo y la inmortalidad del alma'. El tesorero Agustín de Zárate: 'Pedro de Cieza dice que los indios creían en la inmortalidad del alma y la resurrección del cuerpo'", (85). Garcilaso tenía una idea de que los antiguos pueblos andinos recibieron este conocimiento de Dios. "No sé cómo ni por qué tradición los incas pudieron haber recibido la resurrección del cuerpo como un artículo de fe, ni corresponde a un soldado como yo investigarlo; tampoco creo que pueda establecerse con certeza hasta que el Dios Altísimo se complazca en revelarlo. Puedo decir sinceramente que lo creyeron", (85). Garcilaso se preguntó cuándo sus antepasados recibieron el conocimiento de la resurrección, ni los españoles ni la religión católica tenía la respuesta para él, pero tenía la esperanza de que Dios en su debido tiempo haría conocer a una generación futura la respuesta a su pregunta.

Otra persona que vio al Hijo de Dios resucitado fue el príncipe Viracocha. Garcilaso explica: "A él [el príncipe] se le dio el nombre del fantasma [Viracocha] quien se le había aparecido y dijo que ese era su nombre. Como dijo el príncipe este tenía barba, a diferencia de los indios que generalmente no tienen pelo en la cara, y que

estaba vestido de pies a cabeza, mientras que los indios están vestidos de manera diferente y su vestimenta no va por debajo de las rodillas", (287).

Hace más de 3.000 años, los antiguos crearon la cara de Viracocha en una colina en Arequipa, Perú. Los grandes ojos miran hacia el oeste y la cara tiene barba.

En Machu Pichu, se puede ver la misma cara tallada en uno de los picos altos. Sus grandes ojos y barba se muestran claramente aquí. Los guías turistas de esta maravilla mundial continúa diciendo a los turistas que los peruanos adoraban las montañas. Sin embargo,

se puede ver que los creadores de esta cara escalaron la montaña para tallar a Viracocha, el mismo que caminó por América después de su resurrección y regresó nuevamente en la década de 1400 para advertir al príncipe inca de una sangrienta rebelión.

Misterio del lazo y "bolsos de los dioses".

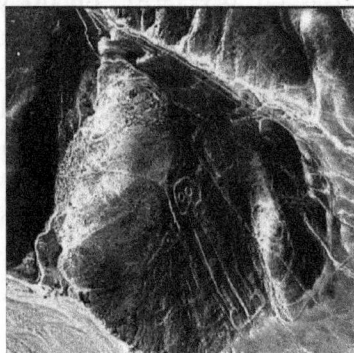

El hombre de Nasca tiene un lazo en la mano derecha y dentro del lazo hay un ser. A 14, 000 kilómetros de distancia, las antiguas culturas en las Américas y en el antiguo mundo dejaron tallados de bolsos.

La escultura de un mono levantando un bolso (imagen de la derecha) pertenece a los olmecas y data de 1750 a.C. La escultura del bolso de un sumerio se remonta a 4500 a.C. El bolso asirio data de 883 a.C.

¿Por qué las culturas antiguas, separadas por miles de kilómetros, representaban a sus deidades de esta manera similar? Hay muchas teorías. Una de ellas es que la agricultura comenzó cerca del Monte Ararat, donde descansó el arca de Noé después del gran diluvio. Podría ser posible que estas bolsas tuvieran semillas y se hubieran distribuido en todo el mundo. Otra posibilidad es que el mango represente el cielo y la forma rectangular represente la tierra. Ellos llevan el mensaje de Dios a los humanos de la tierra.

En la antigüedad, los hombres espirituales llevaban sus libros en bolsos. El pueblo Maori tiene una leyenda de un héroe que fue al cielo y regresó con bolsas de sabiduría

Pedro Sarmiento de Gamboa escribe: "Ya sea de una manera u otra, todos coinciden en que Viracocha fue el creador de estas personas y que llevaba un libro (Historia de los Incas, 30). Si tenía que guardar su libro, lo haría dentro de un bolso.

Otros símbolos de resurrección

La escultura de roca roja más antigua de Tiawanaku, Bolivia, es Kon-Tiki, un monolito barbudo que continúa haciendo que los científicos se rasquen la cabeza.

Kon-Tiki representa a Viracocha, y tanto la parte superior de su cabeza como los ojos grandes son similares a los del glifo del hombre Nasca. Una pequeña figura de pájaro se cierne sobre su frente.

La posición de las manos de Kon-Tiki es interesante. La mano derecha toca su corazón, y muchos dicen que Jerusalén es el "corazón del mundo". La mano izquierda toca su ombligo, y Cusco significa "el ombligo del mundo", (Garcilaso, 93). En nuestros cuerpos físicos, el vínculo entre el ombligo y el corazón es simplemente que cada uno sostiene nuestro cuerpo: el ombligo antes del nacimiento y el corazón después. También se puede ver en la parte inferior de la escultura a un gato salvaje pisando la gran serpiente.

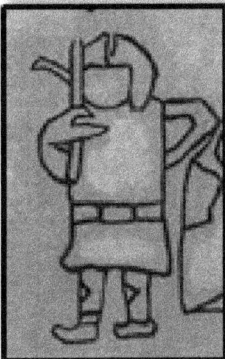

El hombre en la imagen de la Lámina dorada tiene marcas triangulares en sus piernas y la misma postura del brazo que la figura del hombre Nasca. Su túnica también es similar a la usada por Kon-Tiki. Una mano sostiene una varilla, y la otra podría estar llevando algo. La falta de cualquier detalle facial es curiosa, pero esta imagen podría ser otro registro o recordatorio de la visita de Viracocha a América después de su resurrección.

Alrededor de 700 a.C., un profeta visionario en el registro judío declara: "Y pondré la llave de la casa de David sobre su hombro; y abrirá, y nadie cerrará; cerrará, y nadie abrirá",

(Isaías 22:22, RVR). Curiosamente, el área de sacrificio en el templo de Salomón tenía la forma de una llave. Hay edificios antiguos creados en forma de llave; uno de ellos es el templo de Caral, que fue construido alrededor del año 3000 a.C., al norte de Lima, Perú. En México, los cenotes tienen forma de llave. Es beneficioso no pasar por alto el conocimiento de que los templos de La Iglesia de Jesucristo de los Santos de los Últimos Días tienen pilas bautismales en forma de llave. El bautismo es la llave para ser restaurados en la presencia de Dios. La palabra restauración en el registro judío aparece 136 veces. El tiempo o la era de la restauración había sido profetizado, y parece indicar que Dios continúa restaurando muchas cosas importantes hasta que la tierra reciba una gloria paradisíaca. Todas las organizaciones religiosas del mundo declaran sobre la restauración de todas las cosas.

Caral temple, Perú   Cenote, México   Templo de Salomón

La pila bautismal para los muertos en la Iglesia de Jesucristo (SUD) es similar a la pila bautismal para los muertos que el antiguo pueblo judío tenía con doce bueyes en la parte inferior sosteniendo la fuente. Todas estas imágenes representan un camino o pasos a seguir para entrar al cielo. Asimismo, Jesús se bautizó no para limpiarse de pecados, pero para cumplir las leyes del cielo (Mateo 3:15, NVI).

Garcilaso cita la creencia del padre Blas Valera de que

"Viracocha debe traducirse por la palabra latina numen, que significa 'la voluntad de Dios', un título apropiado para Cristo" (288). A fines de 1500, Valera aprendió directamente de los pueblos andinos que el propósito de Viracocha era hacer la voluntad de su Padre.

Más recientemente, Alce Negro también describió al ser resucitado. Tuvo una visión en la que Cristo "no era un Wasichu [hombre blanco] y no era un indio. Su cabello era largo y colgaba suelto, y en el lado izquierdo de su cabeza llevaba una pluma de águila. Su cuerpo era fuerte y bueno de ver, y estaba pintado de rojo. Traté de reconocerlo, pero no pude distinguirlo. Era un hombre muy guapo. Mientras lo miraba fijamente, su cuerpo comenzó a cambiar y se volvió muy hermoso con todos los colores de luz, y a su alrededor había luz. Habló como cantando: 'Mi vida es tal que todos los seres terrenales y las cosas en crecimiento me pertenecen. Tu padre, el Gran Espíritu, ha dicho esto. Tú también debes decir esto'", (Neihardt, 153-154). Los pueblos andinos cambiaron sus prácticas funerarias debido al principio de la resurrección: se enterraron con sus seres queridos para poder resucitar junto con sus posesiones. Para ellos esta vida no era tan importante como la venidera. Cuando los españoles esparcieron los huesos, los indios les pidieron que no lo hicieran, para que pudieran estar juntos para la resurrección.

Otros registros antiguos de América
1250 a.C.–600 a.C., Los Códices o libros olmecas: Se consideran escrituras sagradas. Algunas notas curiosas sobre estos códices incluyen las siguientes: 1. El número veintidós no existe en el calendario ritual; Se lee como trece más nueve. ¿Es veintidós un número sagrado? Hay veintidós letras en el alfabeto hebreo y hay veintidós glifos principales en las Líneas de Nasca. 2. Los geoglifos representaban una idea como el mono usado en el Popol Vuh, el libro sagrado de los mayas k'iche' en las montañas de Guatemala. 3. Las palabras tum (que significa pensar, reflexionar sobre algo) y chi (que significa motivo, propósito o destino) se usan juntas para significar "Él o ella reflexiona sobre el propósito de su vida". Estos códices se conservan en bibliotecas europeas.

600 a.C.-400 d.C., El Libro de Mormón: Este libro religioso también debe mencionarse en este libro, así como se menciona la teoría alienígena de las Líneas de Nasca. Las profecías fueron escritas en el idioma egipcio en láminas de metal de oro por los antiguos que llegaron a las Américas y contiene las visiones que recibieron de su Dios. Registra la creación; la caída de Adán y Eva; el diluvio; los convenios de Dios con Abraham, Isaac, Jacob y José; de Moisés y el Mar Rojo; profecías del nacimiento, muerte y resurrección de Jesús; y profecías de los últimos días. Cuenta la historia de los antiguos pueblos de América que vieron, hablaron y caminaron con Jesucristo quien llevaba una túnica blanca como se les dijo a los historiadores españoles por los andinos. Les dijo que Dios le dio una copa amarga para beber, y lo tomó para cargar sobre sí los pecados del mundo, lo cual hizo para glorificar a Dios. Dijo que él era la luz y la vida del mundo y que había obedecido la voluntad del Padre desde el principio. Este registro declara ser un testamento de Jesucristo, y Dios mandó a los antiguos profetas de América que lo escribieran (3 Nefi 11, Libro de Mormón).

En el registro judío, se lee: "Y he hablado a los profetas, y aumente la profecía, y por medio de los profetas use parábolas", (Oseas 12:10, RVR). Se entiende que Dios reveló su plan a hombres santos en India, Australia, Jerusalén, Perú y otros lugares sin hacer ninguna diferencia entre todos sus hijos. Las palabras de los antiguos profetas en el continente americano fueron resumidas en planchas de oro por un profeta-historiador llamado Mormón. En 1827, el ángel Moroni, un profeta en las Américas, entregó las planchas de oro a José Smith quien fue preparado por muchos años por este ser celestial para traducirlas. Cuando se terminó la traducción, el Señor permitió que doce personas la vieran y la tocaran, y declararon haberlo hecho. El ángel se llevó las planchas de oro con él para evitar que las personas codiciosas lo agarren y saquen las cosas claras del libro para tergiversarlas como se ha hecho con la Biblia, el Corán y otros libros sagrados. Este libro religioso parece narrar las mismas historias que en los códices y los libros a continuación.

1380 CE–1418 CE, El libro de Ixtlixochitl: Un príncipe indio escribió sobre sus antepasados. Declara que los primeros habitantes después de la inundación vinieron de una torre muy alta. "Y los hombres hicieron una torre muy alta, para protegerse en ella cuando el segundo mundo fue destruido. Cuando las cosas estaban en su mejor momento, su lenguaje cambió y como no podían entenderse entre sí fueron a diferentes partes del mundo", (Ancient América lxtlilxochitl, citado en M. R. Hunter y Thomas Stuart Ferguson, 1950, p. 24). El príncipe mencionó otro grupo. "Estos reyes eran altos, blancos y barbudos, como los españoles", (lxtlilxochitl, 240).

1520 CE, libros mesoamericanos: Los indios escribieron cuatro libros que afirman que los antiguos americanos vinieron del otro lado del mar.

Anales de los Cackchiqueles: "Aquí escribiré las palabras de nuestros primeros Padres. . . Aquí están las palabras que dijeron desde más allá del mar, venimos del lugar llamado el lugar de la abundancia", (Raynaud, Georges. Anales de los Cackchiqueles)

Título de los Señores de Totonicapán: "Eran descendientes de Israel, del mismo idioma y de las mismas costumbres... Eran hijos de Abraham y Jacob", (Títulos de los Señores de Totonicapán, p. 170).

Popol Vuh: Narra la creación del mundo y contiene la historia religiosa maya hasta la llegada de los españoles.

Anales del Xahil: "¿Cómo cruzaremos el mar, oh nuestro hermano menor? Luego nos metimos en los botes. . . y navegamos hacia el este y llegamos allí", (Traducción y notas de George Raymond et all, Editorial Universitaria, México, 1946).

Resumen

En los antiguos registros judíos, uno lee acerca de la resurrección del Hijo de Dios. Cuando las tres mujeres fueron a la tumba y la encontraron vacía, un ángel les habló: "Mas él les dijo: No os asustéis; buscáis a Jesús Nazareno, el que fue crucificado: ha resucitado, no está aquí; mirad el lugar donde lo pusieron", (Marcos 16:6, RVR). Es interesante que el pueblo de Nasca eligió tallar una figura que se parece a una tumba judía que simboliza la resurrección. Una profecía que los de Nasca no vieron cumplirse, pero tenían fe de que así sería. Más recientemente, el Inca Viracocha, Alce Negro y otros han visto al Hijo de Dios resucitado.

El cóndor

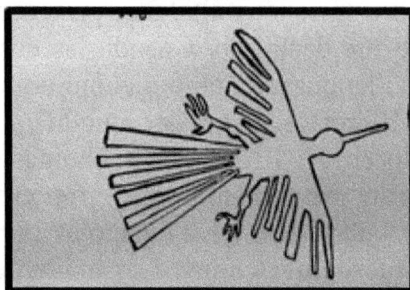

El cóndor tiene aproximadamente 140 metros de largo y vuela hacia el este por encima del glifo del mono. Como la ballena es el mamífero más grande del mundo, el cóndor es el ave más grande del mundo. Garcilaso escribe que, en Chachapoyas, las aves son consideradas como su dios principal. Los describe como extremadamente grandes, y fueron llamados cuntur, o por los españoles cóndor. Muchos han sido matados por los españoles. Se ha encontrado que algunos miden cuatro o cinco metros desde una punta a la otra punta de las alas. No tienen garras como las águilas: la naturaleza no se las dio, para moderar su ferocidad. Tienen partes de blanco y negro, como urracas. Cuando caen desde una altura, hacen un fuerte zumbido.

Para un indio, es un honor recibir el nombre de cóndor porque respetaban al cóndor por su capacidad de volar a 6,705 metros. En sus celebraciones, los indios aparecían disfrazados en los que se representan los ángeles, con las grandes alas de un cóndor (31, 49, 293, 357, 475, 521). Garcilaso le dio crédito al Dios de la naturaleza por darles las alas más grandes y por no tener garras. El cóndor es un símbolo y representa a un mensajero grande o su mensaje debe ser grande.

El padre Bernabé Cobo dio otra información importante sobre los cóndores. Los indios buscaban nombres que fueran significativos. Los más utilizados fueron nombres de animales como puma (que significa león para los peruanos), cóndor, buitre, serpiente y halcón (202). Para los pueblos andinos que consideraban su religión una parte significativa de sus vidas, honraban a los cóndores como un símbolo divino e importante.

El cóndor representa a un mensajero divino. Garcilaso sabía que los andinos del primer período respetaban a esta ave. Sus descendientes, sin embargo, estaban repartidos por muchas regiones y no sabían el origen del honor dado al cóndor, ballena, perro o mono ni entendían completamente lo que estos animales representaban en sus símbolos religiosos. Garcilaso explica que adoraban al cóndor por su tamaño y porque se jactan de descender de ellos (31). El honor que los andinos daban a estos animales se debía a sus rasgos únicos, que utilizaron como símbolos para representar a los seres celestiales y los puntos de fe en su religión. Estas instrucciones espirituales se explican en su simbología de tres puntos de fe.

El Número Tres

El número tres, así como el siete tuvo un gran significado en la antigua cultura andina. Por ejemplo, creían en tres niveles o mundos. El mundo inferior (Uca Pacha) representaba el inframundo y la muerte, el mundo medio (Hurin Pacha) representaba el suelo o el mundo de la vida humana, y el mundo superior (Hanan Pacha) incluía las estrellas, los seres celestiales y Dios (Cobo, 21). La gente creía que podían vivir en el cielo siendo internamente buenos y practicando todo lo que era externamente bueno.

Cóndor petroglifo en Toro Muerto

Tres animales también fueron especialmente significativos como símbolos de estos mundos. Viviendo bajo tierra, la serpiente representaba el mundo inferior lleno de inmoralidad, tiranía y corrupción. El puma, un poderoso animal terrestre, representaba a los hombres y mujeres vigilantes y valientes del mundo medio, listos para defender su fe y libertad. Y en lo alto del cielo, zumbando las palabras de Dios, el cóndor representaba el mundo celestial. Garcilaso explica qué los antiguos pueblos andinos querían una conexión con animales fuertes como el cóndor (49).

Un ritual interesante fue compartido por los antiguos andinos y las naciones nativas americanas. En ambas culturas, cuando los jóvenes alcanzaban cierta edad fueron separados de su familia, ayunaron y fueron a un lugar designado para comunicarse con su Dios hasta que aprendieron su voluntad para ellos. Tuvieron sueños y visiones, experimentaron fuerzas naturales como truenos o animales en la naturaleza, y luego revelaron estas experiencias a sus mayores. Entonces, los líderes espirituales le dieron a cada joven un nuevo nombre de acuerdo con lo que había visto y lo que significaba para él.

Inca Viracocha también le dio a su hijo, Titu Manco Cápac, un nuevo nombre antes de morir. El nombre simbólico era el título de Pachacútec que significa "reformador del mundo" (Garcilaso, 393). En este caso, reformador sería la palabra honorable en su nuevo nombre. El cóndor también era una representación honorable del mundo celestial y ver a un cóndor en una visión se consideraba una gran conexión con el cielo.

Tres Principios

Los pueblos andinos creían que cada persona tenía el deber de conocer y temer a su Dios siguiendo tres principios: Munay (amor) estaba dirigido hacia su dios y sus vecinos. Yachay (conocimiento) era un principio de fe. Los padres enseñaron a sus hijos acerca de su Dios con el ejemplo y la obediencia porque creían que el cielo estaba gobernado por leyes, y aprendieron esas leyes para regresar al cielo. Llankay (trabajo) era el principio de proveer por sus propias necesidades y las necesidades de sus familias. El trabajo más allá de la familia también era de tres tipos: para los necesitados, para el estado y para su dios.

Cerámica de cóndor matando a una serpiente

Con respecto al primer principio, amor. El Inca les mostró los beneficios de seguir sus enseñanzas, que eran necesarias para la vida humana. La necesidad de leyes naturales para su vida moral y el conocimiento de su dios el Sol (Garcilaso, 59).

El Inca compartió las revelaciones y visiones que recibieron de su Dios y se sometieron a la voluntad de Pachacamac. Inca significa "persona real". Como hijos del Sol (Pachacamac), los pueblos andinos creían que eran de divinidad real y celestial; por lo tanto, tenían que tratarse con amor, honestidad y compasión. Viviendo estos principios, ellos podrían regresar al hogar celestial después de completar una separación temporal, porque Viracocha o Jesús destruyó la serpiente (pecado y muerte). La misión del Cóndor es llevar ese mensaje al mundo.

Tres mandamientos

Los andinos también tenían tres mandamientos: ama sua (no robar), ama llulla (no mentir) y ama quella (no seas perezoso). Estos mandamientos son similares a las enseñanzas judeocristianas tanto en el Antiguo como en el Nuevo Testamento en la Biblia. "Simplemente repito los fabulosos relatos que solía escuchar a mi familia contar en mi infancia; que cada uno las tome como quiera y aplique la alegoría que considere más apropiada", (Garcilaso, 49). Al explicar por qué no pudo proporcionar información más específica, agrega, el lenguaje privado de los incas ahora está bastante olvidado y muchas cosas deben haber tenido algún significado (59). Las tres reglas de la fe andina eran breves y directas. Gracias a muchos historiadores españoles, podemos reconstruir los fragmentos de información que recibieron de los pueblos andinos que todavía creían en la religión de sus antepasados.

Simbolismo

El cóndor representa magnificencia, fuerza y libertad. Los nativos también asociaron al cóndor con su deidad como símbolo de salud y poder. Es monógamo y era conocido como el ave eterna porque a menudo vive más de ochenta años. El cóndor no tiene garras desgarradoras para atrapar presas, pero sí tiene un pico poderoso para triturar carroña. Para los Nasca, el pico también era un símbolo para recordar a la gente cosas importantes, impulsos que los mantenían a salvo, orientación hacia un futuro mejor, ayuda para descubrir y comprender misterios que desafían la ley natural y declaraciones contra injusticias de todo tipo.

El cóndor tiene una envergadura de quince pies y representa la capacidad grande de la influencia del Espíritu porque se puede sentir en todo el mundo. Su atributo físico de comer animales muertos ayuda a limpiar el ecosistema. Permitir que el Espíritu del Señor guíe la vida personal de uno es estar limpio de los pecados del mundo. El cóndor como Espíritu tiene tres propósitos.

1)Vuela al cuarto oriental del mundo con el mensaje de que el Hijo de Pachacamac, o el Mesías vive. En las Líneas de Nasca, la gente creó la cruz con un clavo que va al centro del símbolo E. El mapa de Israel tiene la forma de una "E" inclinado y la línea del centro es Jerusalén. Sabían que el Hijo de Dios moriría en una cruz en Jerusalén 500 años después. Esta profecía se cumplió; por lo tanto, el cóndor está volando hacia el este para proclamar al mundo del Medio Oriente que Jesucristo ciertamente resucitó y visitó las Américas de acuerdo con el registro sagrado del Libro de Mormón.

2) revelar el cumplimiento de los tiempos y 3) consolar a las personas en la última dispensación.

Resumen

El pueblo Nasca creó el gran glifo del cóndor, poderoso en sus detalles, con tres propósitos distintos en mente. En primer lugar, querían recordar a la gente de todo el mundo que Viracocha es el hijo del Sol o Jesucristo es el hijo de Dios y vive. El mensaje, incluso casi 2,000 años después de la resurrección de Viracocha, todavía necesita ser entregado y aceptado por los judíos, los musulmanes y los budistas. Segundo, el cóndor es un mensajero, iluminando a la gente acerca de los principios eternos de Dios —amor, trabajo y fe, entre ellos— y recordándoles que confíen en Dios, estén abiertos a sus enseñanzas y sean obedientes a sus leyes. El tercer mensaje es que cada miembro de la raza humana recibirá una recompensa eterna o una condenación eterna al final de su vida terrenal si no vienen a Dios.

El mono

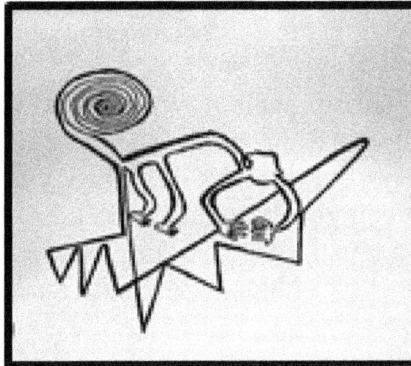

Ubicado en el lado suroeste de las líneas, el glifo del mono tiene aproximadamente 93 metros de largo por 58 metros de ancho. ¿Por qué el pueblo Nasca eligió al mono? Eligieron al mono por su astucia (Garcilaso, 31). Este glifo contiene una gran cantidad de información. Cada parte de esta figura del mono representa un principio religioso Nasca del primer período. También representa a cada ser humano en la tierra.

La Cola

La espiral en la cola del mono representa la vida eterna. Una cola sin principio ni fin significa que los antiguos entendieron que el origen de todas las cosas estaba en el cielo y continuaría en el cielo, del cual dependía la gente para su preservación. Desde el cielo, Dios hizo a las personas y a todas las criaturas vivientes, y desde allí, envió el diluvio universal. La vida eterna es el resultado final para aquellos que permanecieron en la fe y es la esperanza de la raza humana (Cobo, 11-12). Cobo continúa explicando que los incas creían que Dios creó a los humanos, y Dios podría hacerlos vivir de nuevo (9). Garcilaso escribe que el pueblo andino vivía su religión con sauca, gozo, satisfacción o deleite, y creía en la inmortalidad del alma y la resurrección del cuerpo (85). Así, el espiral representa la vida inmortal.

Las manos

Al igual que el glifo de dos manos, una de las manos del mono tiene cuatro dedos y la otra tiene cinco. La diferencia es que las manos del mono también representan a la época en que Viracocha vendría a visitar las Américas y realizaría muchos milagros. Esa visita pondría fin al sacrificio de animales y marcaría el inicio de una relación más personal entre el ser humano (simbolizada por los cuatro dedos) con un ser resucitado y su Padre en el cielo (simbolizado por los cinco dedos).

Cobo explica que sólo había un Creador universal de todas las cosas, a quien siempre hacían sus súplicas (6). Los indios recibieron sus profecías y pronósticos a través de sueños, y fue algo asombroso escuchar lo que predijeron (Garcilaso, 119). Los pueblos antiguos declararon que se comunicaban con Dios a través de los sueños. En la década de 1400, el Inca Viracocha recibió una visión y predijo la conquista española.

Los Brazos

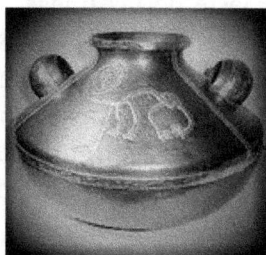

Un triángulo largo y delgado se extiende desde el codo izquierdo del mono. La forma es similar al tronco del glifo del árbol y el triángulo apunta al hombre saliendo de la roca o a la ballena joven porque Jesús era el fundamento de su religión. Los pueblos andinos creían principalmente en dos cosas. El primero era la inmortalidad del alma, y el segundo era la importancia de enseñar a la gente cómo obtener la recompensa celestial y persuadirlos a ser buenos (Cobo, 19). Los andinos creían que Dios los miraba desde el cielo y esperaba que fueran obedientes a sus leyes. Sus sacerdotes recordaban esto a la gente siempre.

La gente iba a las colinas y templos para invocar a su Dios. Tenían templos ricos y magníficos, y la gente iba a ellos en peregrinaciones desde todas partes del Perú (Cobo, 48). La parte posterior del glifo o la espalda del mono, que parece un arco iris o el cielo, era un recordatorio de su origen y del gran y divino valor de los seres terrenales. Sus preguntas podrían ser respondidas a través de la búsqueda de Dios. Según ellos, la fe es el poder de creer que Dios creó todas las cosas y que tiene el poder y la sabiduría para bendecir a sus hijos terrenales con paz, gozo y también ayudarles en los desafíos de la vida.

Dispensaciones del Tiempo

El mono está encima de seis imágenes triangulares. Estos están vinculados a la cola espiral del mono que simboliza nuestro nacimiento, crecimiento y regreso al cielo. Los triángulos también representan el tiempo de la raza humana en la Tierra dividido en períodos. Garcilaso explica cómo los andinos dividían el tiempo. El Padre Blas Valera dividió los períodos, edades y provincias para mostrar claramente las costumbres de cada período (33).

Curiosamente, seis arcos iris se encuentran dentro de la figura del elefante en Konkan, India. Los arcos iris aparecen en varias partes del elefante, pero comparten los mismos significados que los triángulos de Nasca. En Toro Muerto, seis círculos se encuentran dentro del estómago del camélido apretando a la serpiente. Cada grupo de formas, el arco iris en la India o los triángulos y círculos en Perú, representan los seis períodos o dispensaciones del tiempo. Cabe señalar que, si bien estas dispensaciones tienen una variedad de nombres, en esta sección se ha tratado de usar los más familiares.

La primera dispensación, abarca la creación de los seres humanos, plantas y animales. Los indios creían que la creación surgió de la nada y que se formó de la arcilla (Cobo, 12). Una de sus oraciones dice: "Oh Creador sin igual, estás en los confines del mundo, diste vida y valor a la humanidad, diciendo 'Sea el hombre' y para las mujeres, 'Que haya mujer'; tú los hiciste, los formaste y les diste vida para que vivan sanos y salvos en paz y sin peligro", (Cobo, 119). Más comúnmente reconocida como la Dispensación de la Inocencia, también es conocida por algunos como la Dispensación Edénica o Adámica.

La segunda dispensación se conoce como la Dispensación de la Conciencia y la Dispensación Antediluviana: "Todos los indios del Perú estuvieron de acuerdo en que el comienzo del hombre fue seguido por un Diluvio Universal en el que todos perecieron, excepto unos pocos que fueron salvados por la divina providencia del Creador para que repoblaran el mundo", (Cobo, 11). Creían que las personas que existen ahora provenían de aquellos que fueron salvados del diluvio (Cobo, 16). La religión Maya dice que Bolon Tzacab causó una gran inundación cuando los mayas enfurecieron a los dioses. Parece que la iniquidad de la humanidad era tan grande en la tierra que Dios finalmente tuvo que inundar el mundo y comenzar de nuevo. Garcilaso señala que los indios creían que Dios envió a Noé y a sus tres hijos a repoblar la tierra (49).

La **tercera dispensación** o Dispensación del Gobierno Civil/Humano continuó el desarrollo de la revelación divina a pesar de las luchas continuas para vivir rectamente. Sarmiento escribe: "Pero como surgieron entre ellos los vicios del orgullo y la codicia, transgredieron el precepto de Viracocha... y cayendo, por este pecado, bajo su indignación, los confundió y los maldijo", (29). Los pueblos andinos también sabían de la confusión del idioma durante este período. La gente se había enorgullecido de la magnífica torre de Babel que estaban construyendo, por lo que Dios confundió su lenguaje, lo que llevó a su dispersión y al cumplimiento del plan de Dios para poblar toda la tierra.

La cuarta dispensación, conocido como la Dispensación de la Promesa (o de Abraham). Durante este período, las personas hicieron ofrendas de sus mejores animales para expresar gratitud por un sacrificio final que vendría en el futuro. La oveja era de un blanco puro, vestida con una prenda roja y adornos dorados para las orejas (Cobo, 129). Hay una fuerte similitud entre los sacrificios del primer período de los andinos y los de los antiguos judíos. Garcilaso también menciona que en materia de sacrificios los Incas eran casi exactamente como los indios del primer período (Garcilaso, 86). Cobo proporciona más detalles: los sacrificios solo se hicieron en momentos de gran desastre. El sacerdote tomó el animal sin manchas sobre su brazo derecho, volvió los ojos del animal hacia el dios al que se dirigía el sacrificio (norte), y con palabras apropiadas para la ocasión, cortó la garganta del animal (114).

El libro de Levítico del Antiguo Testamento confirma que los sacerdotes hebreos siguieron una práctica similar. "Lo degollará ante el Señor, en el costado norte del altar", (Levítico 1:11, RVR); "No presenten ningún animal que tenga algún defecto, porque no se les aceptará", (Levítico 22:20, NVI); "Esta es la ley respecto al sacrificio por la culpa, el cual es sumamente sagrado", (Levítico 7:1, NVI); "Al sacerdote se le dará, como contribución, el muslo derecho del sacrificio de comunión", (Levítico 7:32, NVI). Las similitudes en las ofrendas de estas dos culturas son muy significativas. El cordero debía ser de blanco puro, la cabeza del animal sacrificado debía mirar hacia el norte o hacia el cielo, expresando el deseo de ser perdonados, la sangre es salpicada para que el perdón llegue a todos y el hombro derecho estaba separado para los sacerdotes. Todas estas similitudes no pueden ser coincidencias.

y el hombro derecho estaba separado para los sacerdotes. Todas esas similitudes no pueden ser coincidencias.

La quinta dispensación, la Dispensación de Moisés cuando los diez mandamientos fueron introducidos al pueblo de Israel. Estos seguidores del pacto abrahámico continuaron realizando ofrendas a semejanza de un futuro sacrificio divino. Como se mencionó anteriormente, el pueblo andino también tenía leyes que observaban similares a las de los hebreos, así como un nuevo tipo de escritura y un calendario de luna nueva [como los hebreos] (Garcilaso, 116). El antiguo gobierno andino tenía buen orden y razón (Garcilaso, 130). También llevaban un registro (quipu) de las leyes de Dios por medio de nudos atados en cuerdas de varios colores. Ciertos nudos de colores indicaban crímenes castigados, y los hilos más pequeños simbolizaban la ley que se había aplicado (Garcilaso, 98).

La sexta dispensación se conoce como la Dispensación del Meridiano de los Tiempos (o Gracia). Sarmiento escribe sobre la llegada de Viracocha a América y cómo los habitantes consideraban extraña su ropa (35). Este período abarca el ministerio de Jesucristo en Jerusalén y en América: enseñó a la gente y realizó milagros. La gente del Perú lo siguió a Manta, Ecuador. Él vino, según el pueblo andino, como un ser resucitado, y prometió enviar mensajeros. "Además, estaban convencidos de que, dado que el mundo había sido llevado a su fin por el agua en ese momento, ciertamente volvería a su fin debido a una de estas tres causas: hambre, pestilencia o fuego", (Cobo, 13).

Detalles adicionales

Los antiguos pueblos sabían cómo comunicarse con Dios. "Y Jehová habló a Moisés cara a cara, como el hombre habla a su amigo", (Éxodo 33:11, RVR). Era, y sigue siendo, una costumbre para los andinos ir a las colinas o montañas para hablar con Dios. Los triángulos en el glifo del mono también representan colinas. Sus templos eran altos y construidos en lugares altos; la gente iba al templo de Pachacamac en peregrinaciones (Cobo, 85). La familia de Noé ofreció gracias desde una colina cuando las aguas retrocedieron. Los andinos sabían que eran descendientes de Noé y trataron de seguir su ejemplo.

Estos triángulos también representaban las seis mayores pruebas terrenales que el pueblo soportó mientras Dios probaba su obediencia a las leyes y ordenanzas espirituales de la antigua nación andina. Además de obedecer estas leyes, todavía enfrentaban enfermedades, pobreza, injusticia, pérdida de propiedad y seres queridos, y pruebas físicas y mentales, en algunos casos sin culpa propia.

Los Incas hacían las leyes y ordenanzas de acuerdo a los requerimientos de los tiempos (Garcilaso, 89). Parece que la gente del primer y segundo período, con una brecha entre estos dos períodos, entendió que un pueblo con leyes es una nación con orden. Pero sus leyes estaban equilibradas con la fe. Tenían leyes agrícolas, pero aún reconocían que los frutos de su trabajo provenían de su Dios. Los indios le pidieron a su dios que mantuviera el agua fluyendo para cosechar los cultivos que habían sembrado, y dedicaron los primeros frutos a su dios (Cobo, 111, 112).

Finalmente, los triángulos son deliberadamente de diferentes tamaños. El triángulo en el extremo izquierdo está conectado a la espiral, con la parte superior bajando desde el norte, representando la trayectoria de cada persona desde el cielo. El segundo y tercer triángulo simbolizan el camino mortal y universal del nacimiento, la vida y la muerte. Los triángulos más grandes están conectados a la espiral y al triángulo superior que apunta al cielo, representan un punto de su religión; que, para volver al cielo, un ser terrenal necesita enfocarse en el crecimiento espiritual para tener una mente perspicaz. Las personas que buscaban el crecimiento espiritual desarrollaban virtudes que agradaban al Ser Supremo como lo hicieron sus antepasados.

Resumen

El pueblo Nasca hizo el glifo del mono para recordarse a sí mismos que cada individuo es responsable de comunicarse con Dios para recibir inspiración personal a través de la oración. Iban a lugares altos para hablar con Dios y presentar ofrendas personales. Lo hicieron porque sabían que eran hijos de Dios con espíritus eternos, y entendieron que una persona experimenta crecimiento personal al obedecer las leyes y al superar las pruebas con la ayuda de su Dios, parientes y comunidades. Cumplir con estas expectativas los calificarían para vivir con Dios nuevamente.

El perro

Ubicado en el lado sur de las Líneas de Nasca, el glifo del perro es de 49 metros de largo y está cerca de las imágenes del mono, el hombre y el cóndor. Este perro parece tener dos colas, cada una apuntando a una sección diferente de las líneas: la derecha hacia el glifo del hombre y la otra hacia la gran ballena. Las patas delanteras están ligeramente hacia adelante y el animal se mantiene erguido sobre los dedos de los pies. Según los expertos en lenguaje corporal canino, la cola rígida retrata confianza y dominio, lo que sugiere una acción agresiva si se desafía. Las orejas están hacia adelante como si trataran de captar un sonido, y la boca está abierta, para ladrar una advertencia de peligro. Este perro está alerta, prestando mucha atención mientras analiza su entorno.

Los antiguos pueblos del primer período hicieron conexiones entre el perro, la luna y Viracocha. Los indios tuvieron una fuerte respuesta emocional cuando no vieron la luna durante tres días, lo que llamaron la muerte de la luna (Garcilaso, 115). Para estas personas la luna representaba a Viracocha, quien murió y vivió de nuevo al tercer día. La gente vinculó su religión a las luminarias. En un eclipse, tenían miedo. Hacían ruidos fuertes, ataban a sus perros y los golpeaban para hacerlos aullar y llamar a la luna, porque según una fábula, la luna quería a los perros ya que habían hecho un servicio para ella (Garcilaso, 118). Los indios conocían muy bien las fases de la luna, pero fueron entregados completamente a su religión. Tomaron la muerte de la luna para gritar su devoción hacia su dios y suplicar perdón. Sin embargo, no sabían completamente por qué hicieron esto (Cobo, 19). Quizás no quisieron compartirlo con él.

Los andinos usaban perros para llamar a la luna y así buscar protección para sus cuerpos y almas. Temían estar sin luz, y para ellos, el perro era el sirviente de la luna como líder espiritual para la raza humana. Un profeta o sacerdote, como siervos de la luz o la verdad, exhortó a la gente a ser buena para ser liberada del mal y ser digna de recibir la bienaventuranza celestial (Cobo, 19). Los sacerdotes eran fieles y buenos líderes espirituales, demostrando su confianza y dominio. Así, el perro representa a los sacerdotes que deben exhortar a la gente a hacer el bien constantemente. Estos son los profetas y apóstoles que sirvieron a Viracocha al profetizar de Él y estos son los mensajeros que Viracocha prometió enviar.

El petroglifo del perro en Toro Muerto también está ladrando. El padre Bernabé Cobo hace mención especial a este perro. "Hicieron ofrendas de coca u otras cosas a los pájaros o perros, pidiendo a estos animales [que representan mensajeros] que dañaran a sus enemigos, no a ellos" (175). La gente creía que los perros tenían rasgos divinos que beneficiaban a la gente. Respetaban al perro por su fidelidad y nobleza (Garcilaso, 31). Según Cobo, sacrificaron perros negros en una ceremonia especial. Hicieron esto para contrarrestar el poder de sus enemigos (115). Parece que los andinos no tenían un conocimiento completo de por qué las personas en el primer período usaron el símbolo del perro para representar a lideres espirituales. Los maestros religiosos y misioneros servían al pueblo y a su dios y eran aquellos a quienes la gente confesaba sus pecados (Cobo, 123). Parece que los pueblos andinos hicieron todas estas cosas para salvar sus vidas o almas.

Simbolismo del perro en otras culturas tempranas

Hay muchas civilizaciones asiáticas antiguas que sacrificaron perros para cruzarse con sus parientes muertos ante su dios, 1500 a.C. Según Garcilaso, los antiguos pueblos del primer período compartían muchos puntos en común con la cultura hebrea: leyes similares, la realización de ofrendas y maestros espirituales que advertían o recordaban a las personas que hicieran el bien. El perro sería un buen símbolo tanto de lealtad como, si ladra; precaución o advertencia. En el antiguo registro judío, el profeta reprende a los líderes espirituales por no hacer su trabajo. "Ciegos están todos los guardianes de Israel; ninguno de ellos sabe nada. Todos ellos son perros mudos, que no pueden ladrar; se acuestan y desvarían; les encanta dormitar. Son perros codiciosos de voraz apetito; nunca parecen saciarse. Son pastores sin discernimiento; cada uno anda por su propio camino. Todos sin excepción, procuran su propia ganancia." (Isaías 56:10-11, NVI). Por supuesto, todos estos rasgos son negativos, por lo que podemos asumir que el profeta consideraría a los perros sabios y leales como un símbolo apropiado de varios rasgos positivos para un vigilante espiritual.

Esta historia apoya que la gente del primer período vino de Jerusalén y compartió la visión cultural de un perro como un sirviente espiritual de Jehová. Las naciones nativas americanas también tenían conocimiento de estos signos antiguos. El hermano del jefe José, Alokut, dibujó un mapa para mostrar a dos agentes estadounidenses la extensión de su tierra. Alokut produjo mapas con figuras que representaban personas y peces. Las huellas abiertas de los cascos de los caballos marcaban los senderos y se representaban en el método egipcio. Los agentes trataron de mantener estos mapas pictográficos únicos, pero Alokut se negó a separarse de ellos (Howard, 113). Alokut había aprendido de sus antepasados, quienes aprendieron de sus antepasados del primer período, la escritura cuneiforme de origen egipcio. Los hebreos usaban este tipo de escritura ya que vivieron bajo el dominio egipcio. También explica por qué la gente de Nasca usaba el glifo del perro con fines religiosos.

Nourlangie Rock

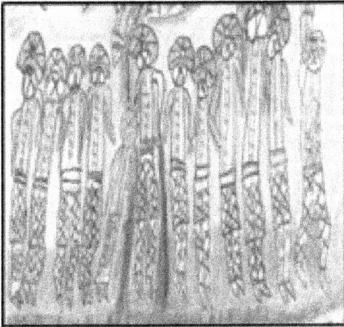

En el mural de Nourlangie, los aborígenes crearon imágenes para compartir lo que habían aprendido del plan de Dios a través de los sueños. Estos doce hombres representan a los apóstoles que validaron la vida y la misión de Jesús. El más bajo es Judas, quien más tarde traicionó al Hijo de Dios por treinta monedas de plata. La mano de Tomás está extendida, recordando al espectador la invitación de Jesús: "Luego dijo a Tomás: Pon tu dedo aquí y mira mis manos. Acerca tu mano, y métela en mi costado. Y no seas incrédulo, sino hombre de fe", (Juan 20:27, NVI).

Teniendo en cuenta los atributos de los perros como nobleza, lealtad, diligencia y otros rasgos, estos fueron conectados a los maestros espirituales que servían a Viracocha o Jesucristo. Es seguro asumir que el glifo del perro también representaba a los líderes espirituales como profetas y apóstoles quienes habían desarrollado un afecto fuerte con Jesucristo.

Los apóstoles fueron los principales testigos de los milagros, las enseñanzas y el amor de Jesús. Según sus escritos, recibieron guía del Espíritu Santo que les permitió enseñar con poder divino para acercar a tantas almas como fuera posible a su Dios. El pueblo andino también envió mensajeros para declarar sus creencias; se llamaban Huancaquilli o Uscavillullu como los Nazarenos en el libro judío de Números capitulo seis.

Había una clara diferencia entre estos misioneros andinos y los españoles que, en nombre de Dios, conquistaron el Imperio Inca. Los españoles eran muy corruptos, desde el capitán hasta los misioneros. En cambio, los indios, de sus líderes espirituales, recibieron instrucciones de conducta fraternal según la razón y la ley natural, persuadiéndolos a hacer el bien para los demás y a estar en paz perpetua sin envidia ni pasión carnal. No se les permitía tener una ley para ellos y otra para el resto (Garcilaso, 53).

Puntos principales de las enseñanzas religiosas Incas

En el antiguo registro judío, en Salmos 150: 6 declara: "Que todo [incluso los animales] que respiran alabe al Señor", (NIV). En los antiguos manuscritos judíos, leemos que la gente creía que Dios les había ordenado considerar la naturaleza y sus criaturas como un libro dado a los humanos para leer y que hacerlo les ayudaría a entender los caminos de Dios. El perro representa un esfuerzo honesto para seguir los mandamientos dados a Moisés como los hablados por Jesús.

El pueblo Nasca talló el glifo del perro para recordarse a sí mismos la importancia de obedecer a sus maestros religiosos. Garcilaso describe sus enseñanzas, incluyendo los siguientes temas: adoración, ritos, sacrificios de animales sin mancha como corderos, y ceremonias de ayuno, lavado, comer el pan y la bebida sagrada y antorchas encendidas para destruir todo mal. Garcilaso pide a los lectores que hagan su propia comparación porque encontrarán similitud en las historias antiguas con las sagradas escrituras (51).

El historiador español Pedro Sarmiento reunió a muchos incas de la nobleza para decirle claramente lo que sabían acerca de Dios. "Ellos entienden que Él los creó desde el principio, y después, debido a sus pecados y malas acciones, los había destruido con un diluvio, creándolos nuevamente y dándoles comida y la manera de preservarla. Por casualidad antiguamente tenían algún aviso, transmitido de boca en boca, que les había llegado de sus antepasados", (27). Los andinos dijeron que Viracocha (hijo del Sol) existía antes de que se creara la tierra. "Los nativos de esta tierra afirman que, en el principio, y antes de que este mundo fuera creado, había un ser llamado Viracocha... [después del diluvio] guardaron los preceptos [de Dios] durante algún tiempo, pero no se menciona lo que era. Pero como surgieron entre ellos los vicios del orgullo y la codicia, transgredieron el precepto de Viracocha Pachayachachi [maestro del mundo, Padre de Viracocha] y cayendo, a través de este pecado, bajo su indignación, los confundió y maldijo", (29).

Hay un consejo en el registro judío de Jesucristo a sus apóstoles, "El trabajo que los envió a hacer es peligroso. Es como enviar ovejas a un lugar lleno de lobos. Por eso, sean listos y estén atentos como las serpientes, pero sean también humildes, como las palomas", (Mateo 10:17, TLA)

Resumen

Los habitantes del pueblo Nasca crearon el glifo del perro para recordar a la gente que escuchara a sus maestros espirituales o vigilantes. Parece que creían que las personas son lentas para recordar a Dios o pierden fácilmente su conexión con la influencia divina. Sus enseñanzas eran para mantenerlos en la dirección correcta. La imagen del perro también les recuerda a los maestros que sean fieles, atentos, humildes y declaren la salvación a todos.

En conclusión, la información impartida en este libro es proporcionar una nueva perspectiva sobre la experiencia religiosa Nasca y cómo su conocimiento los acercó a su Dios. Las evidencias sugieren que otras civilizaciones antiguas tenían un conocimiento religioso similar. Las fuentes y estudios proporcionados en este libro se presentan para el beneficio de la humanidad como una poderosa evidencia de un Dios amoroso.

Bibliografía

Bennett, W. C. y Bird, Junius B. *Historia Cultural Andina: Museo de Historia Natural,* Handbook series No. 15. Nueva York, 1949.

Bernstein, Josh. *Secretos de las Líneas de Nazca. Buscando la verdad.* Lorey Cachora y David S Whitley. 21 de marzo de 2005.

Cobo, Bernabé. *Religión y Costumbres Incas"*[1653]. Roland Hamilton, 1990.

Cobo, Bernabé. *Historia del Nuevo Mundo.* Sevilla: Marcos Jiménez de la Espada, 1892, Tomo III, pp. 314-315.

De la Vega, Garcilaso. *Comentarios Reales de los Incas* [1609]. Prensa de la Universidad de Texas, 1966.

De Murua, Padre Martín. *Historia General del Perú* [1616] ca, 307, 310.

De Murua, Padre Martín. *Historia del origen y genealogía real de los reyes incas del Perú.* Cusco, 1590. (1946:78 [1590: Pt. 1, Cap. 14).

Guaman Poma de Ayala, Felipe. *Primer Nueva Crónica y Buen Gobierno* (ca. 1616).

Howard, Helen Addison. *Saga del Jefe José.* Libro del bisonte, 1978.

Hyland, Sabine. *Relación de costumbres antiguas: los jesuitas y los incas.* Universidad de Michigan, 2003.

Asuntos Indígenas. *Las opiniones de un indio sobre los asuntos indígenas.* Pennsylvania Packet and Daily Advertiser. 24 de agosto de 1784, p. 418.

Kroeber, Alfred L. *La arqueología y cerámica de Nasca.* Expedición de 1926. División de Publicaciones Sage, 1998.

Lasaponara, Rosa. *El antiguo mundo de Nasca: nuevos conocimientos de la ciencia y la arqueología.* Salmer. 27 de enero de 2017.

Montesinos, D. Fernando. *Historia antigua, memorias y política del Perú.*

[1572] 1911.

Murua, Martín de. *Historia del Origen y Genealogía Real de los Reyes Incas del Perú*. Getty, folio 30v.

Neihardt, John G. *Black Elk Speaks*. Nebraska Press, 2014.

Sansevero, Raimondo di Sangro. *Carta de disculpa"*. 1750, pág. 247.

Sarmiento de Gamboa, Pedro. *Historia de los Incas* [1572]. [Sir Clements Markham K. C. B.] 1907.

Schwartz, Marion. *Una historia de los perros en las primeras Américas*. Yale University Press.

Serra de Leguizamo, Mancio. *Confesión*, 18 de septiembre de 1589. Cusco [Garcilaso, Comentarios Reales de los Incas, 1609, xxviii].

Thoreau, Henry D. *Walden y Resistencia al gobierno civil*. A Norton Critical, 1992. Valera, Padre Blas. Historia de los Incas. [1594] 1968, págs. 154–160.

Sobre la autora

María Gamero-Allington es una narradora peruana de toda la vida y amante de la historia que encuentra cada libro fascinante. Ella escribió este libro de texto para responder algunas de las preguntas más universales de la humanidad y para compartir el conocimiento de los datos científicos de los pueblos antiguos, que arrojan luz sobre estas preguntas. Ella se ha aventurado a lugares misteriosos donde los geoglifos y petroglifos también muestran evidencia relevante para responder las preguntas. Este libro es el resultado de veinte años de investigación y muchas noches de insomnio. Para este libro, la autora utilizó la historia y la religión para interpretar el significado de las Líneas de Nasca. Los símbolos cuentan la historia de un hombre, de su padre, y de su pueblo.

La autora quiere dar las gracias a tantas personas que la animaron a escribir este libro. Especialmente quiere extender su cálido agradecimiento a aquellos que se tomaron el tiempo para discutir la premisa única de este libro de texto con ella. Incluir todos sus nombres ocuparía demasiadas páginas, por lo que, a efectos presupuestarios, su reconocimiento de estos comentarios reflexivos se hace en este párrafo. Gracias, gracias. Ella es responsable de cualquier error u omisión en el producto final. Finalmente, está eternamente agradecida a la persona que ha creído en ella desde que era una niña: su madre.

Otros libros escritos por María Gamero-Allington:

Atrévete a soñar: Un Futuro Brillante

www.ingramcontent.com/pod-product-compliance
Lightning Source LLC
Chambersburg PA
CBHW071529040426
42452CB00008B/945